4학년 1학기

미리 보는
초등 국어
교과서

미리 보는 4학년 1학기
초등 국어 교과서

초판 1쇄 2018년 1월 5일

엮은이 | 김희진·최욱동
그린이 | 김복화
펴낸이 | 조영진
펴낸곳 | 고래가숨쉬는도서관
출판등록 | 제406-2012-000082호
주소 | 경기도 파주시 회동길 329 (서패동) 2층
전화 | 031-955-9680~9681 팩스 | 031-955-9682
홈페이지 | www.goraebook.com
이메일 | goraebook@naver.com

글 ⓒ 김희진·최욱동 2018 | 그림 ⓒ 김복화 2018

ISBN 979-11-87427-54-4 64700
     979-11-86620-13-1 64700(세트)

품명 도서 | 전화번호 031-955-9680 | 제조년월 2018년 1월
제조국명 대한민국 | 제조자명 고래가숨쉬는도서관
주소 경기도 파주시 회동길 329 2층 | 사용 연령 10세 이상
* KC마크는 이 제품이 공통안전기준에 적합하였음을 의미합니다.

4학년 1학기

미리 보는
초등 국어
교과서

엮은이 **김희진·최욱동** | 그린이 **김복화**

미리 보는 초등 국어 교과서를 읽기 전에

우리는 왜 국어 공부를 해야 될까요? 한국인으로서 소통하고, 사고하는 데 큰 역할을 하는 것이 국어입니다. 국어는 우리의 말과 글, 우리 문화를 배우는 중요한 과목입니다. 또한 국어는 내 생각과 다른 사람의 생각을 표현하는 데 가장 편리하고 효과적인 수단입니다. 그리고 다른 과목을 공부하는 데 도움을 주는 과목이기도 합니다.

학교에서 국어를 배우게 된 어린이들은 국어가 시시하다고 생각하기도 합니다. 하지만 어떤 어린이들은 어렵다고 생각하기도 합니다. 그렇다면 국어 공부가 어렵다고 생각하는 친구들은 어떻게 공부해야 할까요? 아마 교과서에 있는 내용을 미리 접해 볼 수 있다면 학교 공부에 대해 자신감을 가질 수 있을 것입니다.

사람의 말은 서로 표현하고 대화하려는 노력 속에서 생겨났습니다. 그런데 말로 하다 보니 약속된 상징, 도구의 필요성이 생겨서 글이 만들어졌답니다. 세종대왕이 나라를 다스리기 전까지 우리나라 사람들은 중국의 한자를 썼습니다. 그런데 쓰는 글이 너무 많고 어려워서 공부를 많이 한 분들도 다 이해하지 못했답니다. 그래서 세종대왕이 사람의 입 모양을 살펴보고 사람들이 살아가는 원리를 적용한 쉽고 과학적인 글자를 만들었습니다. 그것이 우리의 글인 한글입니다.

이렇게 오랜 역사를 가진 한글을 바탕으로 한 국어 공부를 시작하기 전에 국어에 대한 관심과 자신감을 얻을 수 있는 방법은 없을까요? 이런 어린이들의 마음을 살펴서 만든 것이 바로 『미리 보는 초등 국어 교과서』입니다.

이 책은 2018년 새 국어 교과서의 내용을 충실히 반영하였습니다. 국어 교과서는 학기별로『국어』 2권, 『국어 활동』 1권으로 구성되어 있습니다. 이 책은『국어』가 권, 나 권, 그리고 보조 교과서인『국어 활동』의 내용을 한 권에 모두 담았습니다. 학습 현장에서 공부하는 교과서의 구성에 따라 만들었으므로 교과서의 흐름을 미리 살펴볼 수 있습니다.

　『미리 보는 초등 국어 교과서』에는 국어 교과서에 있는 흥미로운 이야기와 언어 사용 영역(듣기·말하기·읽기·쓰기) 그리고 현직 초등학교 선생님이 들려주는 도움말과 친근한 그림들이 담겨 있습니다. 어린이들이 이해하기 쉬운 말과 그림으로 구성되어 있어 읽는 내내 즐겁고, 머릿속에도 쏙쏙 들어옵니다. 재미있게 읽어 나가고, 흥미로운 질문과 놀이 활동에 대답을 하다 보면 자신도 모르게 국어 실력이 쑥쑥 자라는 것을 느낄 수 있을 것입니다.

　이 책은 교과서 검토에 참여한 현직 초등학교 교사와 교육 관련 전문가가 직접 쓴 책입니다. 교과서의 내용을 충실히 따르면서 학생들이 국어 과목에 관심과 흥미를 느낄 수 있도록 추구하며 이 책을 썼습니다.『미리 보는 초등 국어 교과서』를 통해 여러분이 국어에 대해 새로운 깨달음을 얻고 국어 과목이 가진 재미를 깨닫기를 기대합니다.

차 례

국어 4-1 나

이 책의 특징

- 2018년 개정 교과서의 내용을 충실히 반영하였습니다.
- 학교 현장에서 공부하는 교과서의 구성에 따라 만들었습니다.
- 교과서의 구성에 맞게 교과서의 흐름을 미리 살펴볼 수 있도록 하였습니다.
- 캐릭터들이 학습 도우미로 나와 공부하면서 궁금한 점을 같이 해결할 수 있습니다.
- 학생들이 자기 스스로 학습 활동을 해 보며 자기 주도 학습이 가능하도록 구성하였습니다.

이 책의 구성과 활용

준비

단원 학습을 위한 준비 활동을 하고 학습 계획을 세웁니다.

기본

단원에서 배워야 할 내용을 익히고 연습합니다.

실천

단원에서 배운 내용을 새로운 상황에 적용하고, 단원 학습 내용을 정리합니다.

국어 활동

국어 수업 시간에 활용하거나 집에서 공부할 때 활용할 수 있습니다.

정리

단원 전체 학습에 대해 정리하고 생활 속에서 실천할 수 있는 방안을 생각해 봅니다.

학습 도우미

공부하면서 궁금한 점이 생기면 선생님, 염소, 강아지 친구, 토끼 친구들의 이야기를 잘 들으며 공부할 내용을 점검하고 도움을 받을 수 있습니다. 또한 친근하게 공부를 할 수 있어 학생들의 흥미와 재미를 유발하게 합니다.

책을 꼼꼼히 읽고 중요한 내용이나 인물에 대해 말할 수 있어요.

 읽을 책을 정하고 내용 예상하기

 이렇게 배워요

책은 혼자서 읽을 수도 있고, 같은 책을 친구들과 함께 읽을 수도 있어요. 책을 고르기 전에 누구와 읽을지 정해 보세요.

 선생님과 함께 미리 보는 국어책

배울 거리 여러 가지 책을 살펴보고 읽을 책을 정해 보기

 이렇게 배워요

세상에는 굉장히 많은 책이 있지요. 어떤 책을 읽을지 여러 가지 책을 살펴보고 읽을 책을 정해 보세요.

 선생님과 함께 미리 보는 국어책

여러 가지 다양한 분야의 책 중에서 내가 읽을 책을 고르려면 무엇을 생각해야 할까요? 다음 책을 고르는 방법을 읽어 보고 이 방법에 따라 어떤 책을 읽을 것인지 판단하여 골라 보세요.

 책을 고르는 방법을 알아보세요.

- 책 내용이 평소에 관심이 많은 분야인가요?

- 책은 어떤 내용을 담고 있나요?

- 책을 펴서 읽은 부분이 잘 이해되나요?

- 어느 한 쪽을 폈을 때 낱말들을 이해하기 쉬운가요, 어려운가요?

읽을 책을 고를 때는 집, 학급 문고, 학교 도서관, 지역 도서관 등에서 살펴볼 수 있어요.

혼자서 읽을 때 읽을 책을 결정해 보세요.

- 책 내용이 평소에 관심이 많은 분야인가요?
- 책은 어떤 내용을 담고 있나요?
- 책을 펴서 읽은 부분이 잘 이해되나요?
- 어느 한 쪽을 폈을 때 낱말들을 이해하기 쉬운가요, 어려운가요?

아마도 겉표지나 내용을
간단히 보니까 사막의 동물에
대해서 소개하는 책 같아.

파란색 표지의 책은
내가 좋아하는 분야의 책이야.

선인장 가시의 역할에 대해서
설명해 주는 부분 같아.

책이 재미있어 보이기는 하지만,
모르는 낱말이 몇 개 있네.

자신이 읽을 책을
결정해 보세요.

어떤 책을 선택했나요? 선택한 까닭을 이야기해 보세요.

내가 선택한 책의 이름

책을 선택한 까닭

읽을 책을 고를 때 그전에 내가 재미있게 읽었던 책이 무엇이었는지 떠올려 보세요. 그와 비슷한 종류의 책을 찾아보는 것도 도움이 될 수 있어요. 그리고 두꺼운 책을 읽는다고 해서 꼭 좋은 것은 아니에요. 그림책도 좋답니다. 또, 책표지나 글쓴이, 그림을 그린 사람의 이름을 보고 다른 책에서 본 적이 있는지 생각해 보세요.

친구와 함께 읽고 싶은 책과 그 까닭을 이야기해 보세요.

파란색 표지의 책이
우리와 비슷한 주인공이
등장하는 생활 속의
이야기여서
재미있을 것 같아.

초록색 표지의
책에는 우리가 궁금해
하는 생활 속 과학
이야기가 많이 숨어
있다고 쓰여 있어.

노란색 표지의 책이
파란색 표지의 책보다
우리 모둠 친구들이 다
좋아하는 분야여서
추천하고 싶어.

주황색 표지의 책은
그림이 많아서 이해가 쉽고,
낱말들이 크게 어렵지 않아서
모든 친구들이 내용을
이해하기가 쉬울 것 같아.

그림과 표지를 살펴보고 내용 예상하기

 이렇게 배워요

읽을 책을 골랐다면 책의 표지와 그림, 차례들을 살펴보며 어떤 내용을 담고 있을지 예상해 보세요.

 선생님과 함께 미리 보는 국어책

> 표지 그림을 보고 책의 내용을 예상합니다.

> 제목을 살펴보면서 어떤 이야기일지 생각합니다.

> 표지 그림을 보니 슈퍼 히어로가 위험에 빠진 사람들을 구하고 있네.

> 제목을 보니 슈퍼 히어로 아빠에 대한 이야기인가 봐.

책 제목
슈퍼 히어로 우리 아빠

> 책의 겉표지를 넘기면 작은 제목들이 순서에 따라 정리되어 있는 부분을 볼 수 있어요. 그 부분이 바로 책의 차례예요.

> 제목을 살펴보면서 어떤 이야기일지 생각해 보세요.

책 읽기 방법을 정하고 국어사전을 활용하며 읽기

 이렇게 배워요

읽을 책을 고른 뒤, 어떤 방법으로 책을 읽을지에 대해 생각해 보세요.

 선생님과 함께 미리 보는 국어책

선생님이 읽어 주기

소리 내지 않고 혼자 읽기

선생님과 번갈아 가며 읽기

친구와 번갈아 가며 읽기

내가 정한 읽기 방법을 적어 보세요.

> 내가 정한
> 읽기 방법

> 앞에 제시한 네 가지 방법 외에도
> 혼자 소리 내며 읽기 등 여러 가지 나만의
> 다른 방법을 생각해도 좋아요.

 국어사전에서 낱말을 찾아가며 책을 읽어 보세요.

> 책을 읽다가 처음 보거나 잘 이해가 되지 않는 낱말이 있으면 표시
> 하세요. 모르는 낱말의 뜻이 무엇일지 짐작하며 낱말이 나오는 문장의
> 앞뒤 문장을 살펴보면 뜻을 이해할 수 있기도 해요. 하지만, 앞뒤 문장을
> 봐도 뜻을 짐작하기 어렵다면 국어사전을 이용해서 찾아보세요.

책 내용에 대해 더 알고 싶은 부분이나 자신의 생각과 다른 부분을 떠올리며 읽어
보세요.

> 나는 책에 나온 '연쇄'라는 뜻을 잘 모르겠어.
> 국어사전에서 어떻게 찾아야 하지?

> '연쇄'의 뜻을 국어사전에서 찾으려면 먼저,
> 자음 'ㅇ'을 찾고 'ㅕ'로 가면 '여'로 시작하는 말을
> 찾을 수 있어. 그리고 받침 'ㄴ'을 찾으면 '연'이라는
> 글자를 찾을 수 있지. 여기에서 '연쇄'를 찾으면 돼.

 책 내용을 간추리고 생각 나누기

 책 한 권을 끝까지 읽고 나서 책의 내용을 간추려 보세요.

책 제목

 정보나 사실을 담고 있는 설명하는 글은 문단의 중심 내용을 찾아서 간추리면 좋아요. 흥미로운 사건 등을 담고 있는 이야기 글은 사건의 흐름에 따라 내용을 간추리면 좋습니다.

🦋 책 한 권을 모두 읽고, 읽은 책과 관련된 개념 지도를 그려 보세요.

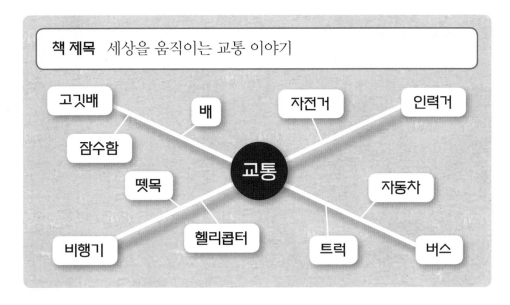

책 제목 세상을 움직이는 교통 이야기

고깃배 · 배 · 자전거 · 인력거 · 잠수함 · 떼목 · **교통** · 자동차 · 비행기 · 헬리콥터 · 트럭 · 버스

🦋 실제로 자신이 읽은 책의 개념 지도를 그려 보세요.

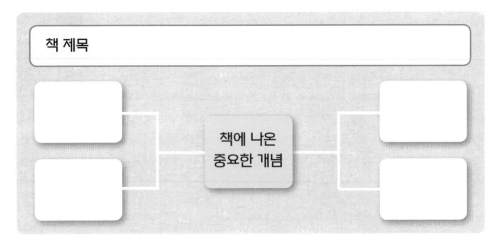

책 제목

책에 나온 중요한 개념

책을 읽은 후, 내가 이야기에 등장하는 인물이라면
어떤 마음이 들었고, 어떤 행동을 하였을지 생각하며
'인물 일기'를 써 보는 활동도 아주 좋아요.

 독서 활동 돌아보기

 이렇게 배워요

독서 단원에서는 아이들이 독서 습관을 기를 수 있도록 책 한 권을 긴 호흡으로 읽고, 듣고, 말하고, 쓰는 실제 활동에 관해 배웠어요. 배운 내용을 떠올리며 생활 속에서 실천해 보세요

독서 활동을 한 후에 다음의 질문에 나의 답을 표시하고 나의 독서 활동이 어떠했는지 생각해 보세요.

질문	내 생각
• 자신에게 맞는 책을 정했나요?	● ● ●
• 모르는 낱말을 찾아가며 읽었나요?	● ● ●
• 책을 읽고 생각과 느낌을 잘 말했나요?	● ● ●
• 정한 책을 꼼꼼히 읽었나요?	● ● ●

매우 잘함 ●●● 잘함 ●● 보통임 ●

 더 찾아 읽고 싶은 책이 있는지 생각해 보고 읽고 싶은 책 목록을 작성해 보세요.

순서	책 제목	글쓴이	출판사

🦋 나의 독서 습관은 어떠할까요? 다음 질문에 답을 체크하며 나의 독서 습관을 확인
해 보세요.

여러 종류의 책을 읽는 것
은 매우 즐거운 일이다.

친구들과 서로 책을 바꾸
어 읽는다.

어떤 문제를 해결하기 위해
서는 책을 읽는 것이 좋다.

머릿속으로 다음 부분을 상
상하며 읽는다.

학습 목표 시나 이야기를 읽고 생각이나 느낌을 나누어 보세요.

배울 거리 생각이나 느낌이 서로 다른 까닭 말하기

 이렇게 배워요

같은 그림이나 상황에 대해서 사람마다 생각과 느낌이 다릅니다. 그 까닭
은 무엇인지 생각해 보세요. 여자아이와 남자아이에게 다음 그림이 어떻게
보이는지 알아보세요.

선생님과 함께 미리 보는 국어책

남자아이가 생각한 그림의 모습	여자아이가 생각한 그림의 모습

같은 그림이지만 사람에 따라 다르게 보이는 까닭은 같은 것을 보고도 상황에 따라 다르게 생각할 수 있기 때문입니다. 또 같은 그림이지만 느낀 점이 다를 수 있기 때문입니다.

 같은 일에 대한 생각이 달랐던 경험을 이야기해 보세요.

나는 축구 경기 보는 것이 좋았는데 누나는 지루했대.

신나는 음악이 들려서 나는 좋았는데, 동생은 시끄럽다고 말했어.

비가 와서 좋았는데 엄마는 비 오는 것이 싫다고 하시더라고.

이야기를 읽고 친구들과 생각이나 느낌을 나누면 서로 생각이나 느낌이 비슷하기도 하지만 다른 점도 있다는 것을 알게 됩니다. 또 각자의 생각과 느낌을 이야기하고 들으면서 이야기를 더 잘 이해할 수 있게 된답니다.

배울 거리 시를 읽고 생각이나 느낌 나누기

 이렇게 읽어요

시의 장면을 상상하며 시를 읽고 떠오르는 생각이나 느낌을 정리해 보세요. 다음은 시를 읽고 시에 대한 생각이나 느낌을 표현하는 방법을 정리한 내용입니다. 빈칸에 들어갈 알맞은 말을 보기 에서 찾아 쓰세요.

선생님과 함께 미리 보는 국어책

보기 인물 사건 몸짓 그림 설명서 제목 편지

☐ 으로 표현합니다.

☐ 이 되어 말하기를 합니다.

☐ 을 그려 표현합니다.

☐ 쓰기를 합니다.

시의 ☐ 으로 삼행시 짓기를 합니다.

시를 읽고 생각이나 느낌을 표현하는 방법은 매우 다양합니다. 시의 제목의 글자 수대로 삼행시, 사행시, 오행시 짓기, 몸으로 표현하기, 그림으로 표현하기, 내가 인물이 되어 말하기 등이 있어요.

일어난 일에 대한 의견 말하기

 이렇게 읽어요

친구들은 소중한 물건을 잃어버린 경험이 있나요? 그때 마음이 어떠했는지 생각해 보며 일어난 일에 대한 자신의 의견을 말해 보세요. 다음은 「의심」 이라는 제목의 이야기 내용을 간추린 것입니다. 인물의 마음을 생각하며 간추린 내용을 읽어 보세요.

 선생님과 함께 미리 보는 국어책

의심

노마는 꿍장히 아끼는 파란 유리구슬 한 개를 잃어버 렸습니다. 여기저기 찾으러 다녔지만 구슬을 찾을 수가 없었지요. 그러다 친구 기동이를 만났습니다. 노마는 기동이에게 자신의 유리구슬을 봤냐고 묻지만 기동이는 못 봤다고 말했습니다. 순간 노마는 기동이에게 기동이 가 지금 가지고 있는 구슬을 보여 달라고 했습니다. 기 동이가 싫다고 하자, 의심을 한 노마는 더 보여 달라고 기동이의 조끼 주머니를 가리켰습니다. 기동이는 하는 수 없이 조끼 주머니에서 자신의 구슬을 꺼내 노마에게 보여 주었습니다. 하지만 구슬들이 모두 다 같은 모양이라 노마는 자신의 것을 찾을 수 없었습니다.

노마는 기동이가 가진 것 중에 하나가 자신의 유리구슬일 거라 믿고, 그것이 어디서 났는지 물어보았습니다. 기동이는 영이가 주었다고 말했습니다. 그러자 노마는 그것이 맞는지 확인하러 영이에게 가자고 했습니다. 그리고 영이에게 가는 도중 도랑물 속에서 노마가 잃어버린 유리구슬을 발견하게 되었습니다. 친구를 의심한다고 타박하는 기동이 앞에서 노마는 아무 말도 할 수 없었습니다.

아래의 표는 이야기 「의심」에서 일어난 일에 대한 노마의 마음을 정리한 표입니다. 빈칸에 알맞은 내용을 써 보세요.

> 노마가 겪었던 일과 비슷한 일을 겪은 경험을 떠올려 보고 내가 노마라면 어떤 마음이 들었을지 정리해 보세요.

일어난 일	노마의 마음
노마는 잃어버린 구슬을 찾아다녔다.	잃어버린 구슬을 다시 가지고 싶은 마음
노마는 기동이에게 자신의 구슬을 가지고 있는지 캐물었다.	
노마는 기동이와 함께 영이를 찾아 나섰다.	영이가 기동이에게 구슬을 주었는지 확인하고 싶은 마음 / 기동이의 말이 틀리기를 바라는 마음
노마는 도랑물 속에서 잃어버린 구슬을 보았다.	구슬을 찾아 기쁜 마음 / 기동이에게 미안한 마음

다음은 이야기 「의심」에 나오는 인물의 말입니다. 내가 이야기 속의 인물의 되어 어떤 마음이 들지 자신의 생각을 정리해 보세요.

너, 구슬 가진 것 좀 보자.

⬇

내가 만약 기동이라면 무엇이라고 대답했을까요?

네 구슬 여기다 두고, 왜 남보고 집었다고 그러는 거야.

⬇

내가 만약 노마라면 무엇이라고 대답했을까요?

노마와 기동이의 행동을 살펴보세요. 노마와 기동이의 행동에 대한 자신의 생각을 말해 보세요.

노마의 행동: 여전히 기동이의 조끼 주머니를 보고 있다.

⬇

노마의 행동에 대해 어떤 생각이 드나요?

기동의 행동: "자아." 하고 조끼 주머니에서 구슬을 꺼내 보입니다.

⬇

기동이의 행동에 대해 어떤 생각이 드나요?

노마의 의심에 대해 기동이는 자신이 구슬을 가져가지 않았음을 알려 주기 위해 조끼 주머니 속 구슬을 꺼내 보여 주는 행동을 합니다. 기동이는 자신을 의심하는 노마에게 화가 나고 섭섭하면서도, 물건을 잃어버려 속상하고 안타까운 노마의 마음이 이해되었을 것입니다.

 노마가 기동이를 의심한 일에 대한 여러 친구들의 이야기를 들어 보세요.

노마가 친구를 의심한 것은 잘못입니다. 기동이가 주머니 속에 구슬을 가지고 있지만 그 구슬이 노마의 것이라고 할 수 없기 때문입니다.

저는 노마가 기동이를 의심하기는 했지만 안타까운 마음에 저지른 실수라고 생각합니다. 자기가 소중히 여기는 물건을 잃어버렸을 때에는 안타깝기 때문입니다.

의견은 어떤 일이나 대상에 대한 생각을 말합니다. 까닭은 그런 생각을 하게 된 원인이나 조건을 말하지요.

노마가 기동이를 의심한 일에 대한 여러 친구들의 의견과 까닭을 알아보세요.

현석이의 생각

| 의견 | 노마가 친구를 의심한 것은 잘못입니다. |

| 까닭 | 기동이가 가진 구슬만 보고 의심했기 때문입니다. |

민정이의 생각

| 의견 | 노마가 기동이를 의심하기는 했지만 안타까운 마음에 저지른 실수라고 생각합니다. |

| 까닭 | 자기가 소중히 여기는 물건을 잃어버리면 답답한 마음이 들기 때문입니다. |

 현석이와 민정이의 의견을 듣고, 노마가 기동이를 의심한 일에 대한 자신의 의견을 말해 보세요.

일어난 일에 대한 자신의 의견을 분명하게 말하려면 우선 일어난 일과 그 까닭을 생각해 보고 결과도 알아보아야 합니다. 그리고 일어난 일을 순서대로 정리해야 합니다.

어느 것이 옳은 표현인지 ○표를 해 보세요.

금방 (갈께, 갈게).

일찍 (일어날껄, 일어날걸).

무엇을 (먹을가, 먹을까)?

누가 (늦을고, 늦을꼬)?

'갈게'는 [갈께]로, '일어날걸'은 [일어날껄]로 소리 나지만, 소리 나는 대로 쓰지는 않아요. 그러나 '먹을까'나 '늦을꼬'와 같이 묻는 말은 소리 나는 대로 쓴답니다.

 바르게 쓴 낱말에 ○표를 하고 소리 내어 읽어 보세요.

이 일은 내가 먼저 (할게, 할께).
너도 같이 왔으면 (좋았을걸, 좋았을껄).
누가 여기를 (청소할가, 청소할까)?
방이 왜 이리 (좁을고, 좁을꼬)?

되돌아보기 시나 이야기를 읽고 생각이나 느낌을 친구와 나누어 보기

 이렇게 읽어요

1단원에서는 생각이나 느낌이 서로 다른 까닭, 이야기를 읽고 생각이나 느낌 나누기, 일어난 일에 대한 의견 말하기, 이야기를 읽고 의견 나누기에 관해 배웠어요. 시나 이야기를 읽고 떠오른 생각이나 느낌을 다양하게 표현해 보세요.

 같은 시를 읽고 친구와 생각이나 느낌이 달랐던 경험이 있는지 이야기해 보세요.

생각이나 느낌이 서로 다른 까닭

• 같은 것을 보고도 상황에 따라 다르게 생각할 수 있기 때문입니다.

• 같은 그림이지만 느낀 점이 다를 수 있기 때문입니다.

시를 읽고 생각이나 느낌 나누기

• 시를 읽고 시에 대한 생각이나 느낌을 몸짓으로 표현하기, 인물이 되어 말하기, 삼행시 짓기, 그림으로 표현하기, 편지 쓰기 등으로 표현할 수 있습니다.

 배운 내용을 생활 속에서 실천해 보세요. 내가 할 수 있는 내용인지 확인해 보세요.

 시를 읽고 느낀 점을 학급 게시판에 쓸 생각이야.

 이야기를 읽고 인물의 행동에 대해 내 생각을 일기로 쓸 거야.

 이야기에 나오는 인물에게 하고 싶은 말을 편지로 써 볼 거야.

글의 내용을 간추리는 방법을 알아요.

 들은 내용 간추리기

 이렇게 읽어요

어떤 내용을 듣거나 읽고 중요한 내용을 간추릴 때 무엇을 생각해야 할지 떠올려 보세요. 가족 나들이를 위해 일기 예보를 들을 때 생각할 점을 선으로 연결하세요.

 선생님과 함께 미리 보는 국어책

일요일에 춘천으로 나들이를 갈 수 있는지 확인하며 들어야겠어.

•   • 들은 내용을 어떻게 할지 생각한다.

작년 이맘때는 봄 날씨인데도 불구하고 추웠던 것 같아.

•   • 듣는 목적을 생각한다.

나에게 필요한 내용을 써 놔야겠어.

•   • 아는 내용이나 경험을 떠올린다.

일기 예보를 듣고 쓴 내용이에요. 들으면서 쓰는 방법을 알아보세요.

일기 예보

• 오늘 날씨 : 전국적으로 맑음

• 일요일 날씨 : 산책하기 좋은 날씨

　　　　　춘천 낮 기온 20도

　　　　　아침저녁으로 일교차가 큼.

　　　　　• 나들이 가능
　　　　　• 따뜻한 옷 필요

 들으면서 쓴 방법에 대해 이야기해 보세요.

중요한
낱말만 썼어.

나들이 갈 때
필요한 준비물도 썼어.

들은 내용을 정리하기 위해서는 메모를 하는 것이 좋아요.
들은 내용을 정리할 때 메모하면 중요한 내용을 빠짐없이 기억할 수
있고 나중에 기억하기 쉬워서 큰 도움이 되지요.

 **글의 내용을 간추리는 방법 알기**

 이렇게 읽어요

글을 읽고 내용을 간추리는 방법에 대해 알아보고 글을 간추려 보세요.

 선생님과 함께 미리 보는 국어책

 글을 읽고 내용을 간추리는 방법을 알아보세요.

1. 문단의 중심 문장 찾기	문단을 구별할 수 있어야 합니다. 그리고 문단에서 가장 중요한 문장을 찾아야 합니다. 중요한 문장은 대부분 문단의 앞이나 뒤에 나옵니다.
2. 문장을 이어 주는 말 찾기	여러 가지를 나열하는 말, 비교나 대조를 하는 말, 원인과 결과를 이어 주는 말 등을 적절하게 사용해야 합니다.
3. 글의 내용 간추리기	원래의 글보다 단순해져야 합니다. 새로운 글을 쓴다는 생각으로 표현 방법을 찾는 것이 좋습니다.

이야기의 전개에 따라 내용을 간추리는 방법을 알아볼까요?
이야기에서 사건이 일어난 시간의 흐름에 따라 내용을 정리해요.
이야기에서 사건이 일어난 장소의 변화에 따라 내용을 정리해요.

글의 내용을 간추리는 방법에 대해 더 알아보세요.

 문단은 어떻게 구별을 해요?

내용과 형태로 구별하지요. 글을 읽으면서 내용이 바뀌거나 한 칸 들여쓰기가 된 곳을 찾아보세요.

 이어 주는 말은 꼭 넣어야 해요?

꼭 그렇지는 않아요. 문장만 연결해도 뜻이 자연스럽게 통한다면 이어 주는 말을 넣지 않아도 되어요.

 간추릴 때 새로운 글을 쓴다는 생각 으로 쓰라는 것은 어떤 의미예요?

원래 글에 없던 말을 생각해 내어 간추리는 경우도 있거든요. 그런 경우를 뜻하는 말이에요.

글의 전개에 따라 글의 내용을 간추리는 방법
– 글의 종류에 따라 다르게 전개되는 내용을 덩어리로 바꾸어 보아요.
– 문단의 중심 문장 또는 중심 내용을 찾아요.
– 내용 전개에 따른 분류를 활용해 자연스럽게 연결해서
전체 글의 내용을 간추려요.

문단의 내용을 생각하며 「옛날과 오늘날의 우산」을 읽어 보세요.

옛날과 오늘날의 우산

비가 올 때 사용하는 도구에는 어떤 것이 있을까? 옛날 사람들은 비가 올 때면 삿갓이나 도롱이를 사용했다. 삿갓은 대오리나 갈대로 거칠게 엮어 만든 모자이다. 반면 도롱이는 짚이나 띠 같은 풀을 두껍게 엮어 만든 망토이다. 삿갓과 도롱이를 함께 쓰면 비를 맞지 않고 양손을 자유롭게 사용할 수 있다. 그래서 농부들은 삿갓과 도롱이를 많이 활용했다.

오늘날 사람들은 헝겊이나 비닐로 만든 가벼운 우산을 쓴다. 초기 우산은 갈색이나 검은색 비단에 쇠살을 붙인 모습이었다. 그런데 비단에 쇠살을 붙인 우산은 비에 젖으면 무거워졌다. 그래서 비에 잘 젖지 않는 헝겊과 가벼운 소재로 우산을 만들게 되었다. 요즘에는 자동식 우산이나 접이식 우산도 있다.

| 삿갓 | 도롱이 | 우산 |

「옛날과 오늘날의 우산」의 각 문단에서 중심 문장을 찾아 써 보세요.

문단	중심 문장
1	
2	

글을 읽고 내용을 간추리기 위해서는 각 문단의 내용을 파악하고 문단의 내용을 대표하는 중심 문장을 찾아야 해요. 그리고 각 문단의 중심 내용을 바탕으로 글 전체의 내용을 간추리지요.

 글의 내용을 간추리는 방법으로 알맞은 말을 보기 에서 찾아 써 보세요.

보기   문장   중심   문단

각 [   ] 의 내용을 파악한다.

문단의 내용을 대표하는 [   ] 을 찾는다.

각 문단의 [   ] 내용을 바탕으로 글 전체의 내용을 간추린다.

배울 거리 글의 전개에 따라 내용 간추리기

🦋 「에너지를 절약하자」를 읽고 글의 전개에 따라 내용을 간추려 보세요.

에너지를 절약하자

우리는 생활을 편하고 윤택하게 하기 위해 많은 에너지 자원을 사용하고 있다. 음식을 만들거나 주택에 난방을 하고 불을 밝히기 위해 가스나 전기를 쓴다. 또 자동차를 움직이기 위해서는 석유가 필요하며 공장에서 생활에 필요한 물건을 만들 때에도 많은 전기를 사용한다.

석탄, 석유, 가스, 전기 등의 에너지 자원은 무한정으로 생산되는 것이 아니다. 지구에는 매장된 자원이 한정되어 있어 매장된 것을 다 쓰고 나면 더 이상 에너지 자원을 구할 수 없게 된

다. 특히 석유는 우리나라에서 나지 않아 외국에서 수입해 오고 있다. 이처럼 중요한 에너지를 어떻게 절약해야 할까?

 에너지 절약은 어려운 일이 아니다. 관심을 가지고 내가 할 수 있는 작은 일부터 실천하면 된다. 일상생활에서의 실천이 에너지 절약의 밑바탕이 된다.

 우리가 에너지를 절약하는 방법은 두 가지로 나눌 수 있다. 먼저, 에너지를 불필요하게 사용하지 않는 것이다. 쓰지 않는 꽂개는 반드시 뽑아 놓고, 빈방의 전깃불을 끈다. 그리고 뜨거운 음식은 식힌 뒤에 냉장고에 넣는다.

 다음은, 에너지 사용을 줄이는 것이다. 실내조명 기구는 전기가 적게 드는 제품을 사용하고 수돗물을 아껴 쓴다. 한여름에는

냉방기 사용을 줄이고 겨울에도 난방 시설을 덜 쓰도록 노력해야 한다.

 지금까지 에너지 절약 방법을 알아보았다. 에너지 절약은 말로 이루어지는 것이 아니다. 생활 속에서 바로 실천해야 하는 것이다.

이야기 글의 전개는 시간, 장소, 인물, 배경 등에 따라 전개
되어요. 이 글은 에너지를 절약해야 된다는 이야기를 하고 있어요.
이 글은 문제점 제시, 해결 방안 제안, 실천 방법의 순으로 전개되고
있어요. 각 문단의 중심 문장을 찾아 써 보고 실천 방안을 살펴보고
글의 내용을 간추려 보세요.

 「에너지를 절약하자」의 내용을 간추리는 방법을 떠올려 보세요.

「에너지를 절약하자」를 읽고 중요한 내용을 간추린 것입니다. 중요한 내용을 빠짐없이 간추렸는지 확인하며 읽어 보세요.

문제점

하나밖에 없는 지구에는 매장된 자원의 양이 한정되어 있기 때문에 매장된 것이 없어지고 나면 그 이상의 에너지 자원은 구할 수 없게 된다.

해결 방안 1

에너지를 불필요하게 사용하지 않는다.

해결 방안 2

에너지 사용을 줄인다.

실천 방법 1

쓰지 않는 꽂개는 반드시 뽑아 놓고, 빈방의 전깃불을 끈다. 그리고 뜨거운 음식은 식힌 뒤에 냉장고에 넣는다.

실천 방법 2

실내조명 기구는 전기가 적게 드는 제품을 사용하고 수돗물은 아껴 쓴다. 그리고 냉방기와 난방 시설을 덜 쓰도록 노력한다.

「에너지를 절약하자」의 전체 내용을 글의 전개에 따라 간추려 보세요.

> 글의 전개에 따라 내용을 간추리면 더 간단히 알아보기 쉽게 간추릴 수도 있고, 중심 문장이 없는 문단이 있는 경우에도 쉽게 간추릴 수 있다는 장점이 있습니다. 또 글의 목적에 맞는 간추리기를 할 수 있어서 효과적이에요.

 우리 가족이 실천할 에너지 절약 수칙을 가족과 함께 만들어 보세요.

우리 가족 에너지 절약 수칙

-
-
-

되돌아보기 글의 내용을 간추리는 방법 알기

 이렇게 배워요

2단원에서는 들은 내용 간추리기, 글의 내용을 간추리는 방법 알기에 관해 배웠어요. 글을 잘 간추리면 다른 사람에게 전달하거나 오래 기억하는 데 도움이 된다는 것을 기억하세요.

 글의 내용을 간추리는 방법에 대해 정리해 보세요.

들은 내용을 쉽고 정확하게 간추리는 방법

- 들으면서 쓸 때에는 읽으면서 쓸 때보다 빨리 써야 합니다.
- 들으면서 쓸 때에는 중요한 내용만 골라서 짧게 써야 합니다.
- 자료를 읽거나 듣고 난 후에는 생각 그물로 나타내기, 표로 나타내기, 그림으로 나타내기 등의 방법으로 들은 내용을 정리합니다.

글의 내용을 간추리는 방법

- 중심 문장을 연결해 글 전체의 내용을 간추립니다.
- 이야기에서 일어난 중요한 사건을 중심으로 간추립니다.
- 글의 전개에 따라 내용을 정리해 간추립니다.

 배운 내용을 생활 속에서 실천해 보세요. 내가 할 수 있는 내용인지 확인해 보세요.

 이야기의 내용을 간추려서 부모님께 들려 드릴 거야.

 글을 읽고 중요한 내용을 독서 기록장에 정리해 둘 거야.

 이야기를 읽고 시간이나 장소의 변화에 따라 내용을 간추려 볼 거야.

 자신의 생각과 느낌을 효과적으로 전달해 보세요.

 상황에 따른 표정, 몸짓, 말투의 효과 알기

 이렇게 배워요

말하는 사람의 표정, 몸짓, 말투 등을 살펴보세요. 각 그림 속의 어린이의 표정을 보고 어떤 상황에서 이러한 표정을 짓게 되는지 생각해 보세요.

선생님과 함께 미리 보는 국어책

각각의 상황에서 어린이는 모두 똑같이 "네"라는 대답을 하고 있지만 의미하는 내용은 다르지요. 상황에 따라 '네'를 어떻게 말해야 하는지 생각해 보세요.

 말하는 사람의 표정을 살펴보고 어떤 의미를 나타내는지 생각해 보세요.

장면	표정

지금부터 제○회 학급 회의를 시작하겠습니다.

밝은 미소를 짓고 있다.

지금부터 제○회 학급 회의를 시작하겠습니다.

🦋 말하는 사람의 몸짓을 살펴보고 어떤 의미를 나타내는지 생각해 보세요.

장면	몸짓

바르게 서서 듣는
사람을 바라보고 있다.

여러 사람 앞에서 이야기해 본 적이 있나요?
그때의 경험을 떠올려 보세요.

말하는 사람의 말투를 살펴보고 어떤 의미를 나타내는지 생각해 보세요.

장면	말투

우승하신 소감 좀
말씀해 주세요.

기분이 매우 좋습니다.
운이 좋았던 것 같아요.

기쁜 마음을
공손하게 말한다.

우승하신 소감 좀
말씀해 주세요.

기분이 매우 좋아염.
운이 좋았던 것 같아염.

 상황에 알맞은 표정, 몸짓, 말투를 사용하면 자신의 생각을
분명하게 전달할 수 있고 느낌을 잘 표현할 수 있어요.

또, 듣는 사람을 배려해 표정, 몸짓, 말투를 선택해야 해요.

상황에 따라 알맞은 표정 몸짓, 말투로 말해 보세요.

학예회에서
사회를 볼 때

회장 선거에
나가서 의견을
말할 때

자신의 개성을 살려서 표정, 몸짓, 말투를 사용할 수 있어요. 말을 할 때에는 상황에 맞는 표정, 몸짓, 말투를 사용해야 합니다.

듣는 사람을 배려해서 표정, 몸짓, 말투를 선택해야 합니다.

배울 거리 적절한 표정, 몸짓, 말투로 말하기

 이렇게 읽어요

인물의 표정과 몸짓을 보고 무엇을 의미하는지 생각해 보세요. 그림 **가**~**라** 를 보고 인물의 표정이나 몸짓이 무엇을 의미하는지 말해 보세요.

 선생님과 함께 미리 보는 국어책

가 최고야!

가의 선생님

엄지를 올리며 달리기를 잘한 친구를 칭찬합니다.

나 고마워.

나의 여자 어린이

웃는 표정으로 진심으로 고마움을 표현하고 있습니다.

표정, 몸짓, 말투는 듣는 사람에게 맞도록 말하고
사용하려는 목적을 생각해야 합니다. 또, 표정, 몸짓,
말투가 서로 어울리게 말해야 해요.

상황에 따라 주의해야 할 표정, 몸짓, 말투에 대하여 생각해 보고 정리해 보세요.

있었던 일을 설명할 때

상대를 설득할 때

감정을 표현할 때

있었던 일을 설명할 때	• 자신 있는 표정을 짓습니다. • 두 손을 활용합니다. • 정확하게 말합니다.
상대를 설득할 때	• 따뜻한 표정으로 상대를 바라봅니다. • 손을 적절하게 사용합니다. • 부드러운 말투를 사용합니다.
감정을 표현할 때	• 감정이 잘 드러나는 표정을 짓습니다. • 손을 마주 잡습니다. • 감정이 솔직하게 드러나는 말투를 사용합니다.

 듣는 사람을 고려해 상황에 맞게 말하기

 이렇게 배워요

듣는 사람을 고려해서 상황에 따라 적절하게 말하는 방법을 생각해 보세요. 다음은 돈이 왜 생겼는지에 대해 설명할 때 듣는 사람에 따라 다르게 말하고 있습니다. 듣는 사람에 따라 어떻게 말했는지 살펴보세요.

 선생님과 함께 미리 보는 국어책

동생에게 말할 때

사람들이 돈을 만든 까닭을 알고 있니? 물건과 물건을 바꾸어 쓰던 사람들이 불편해져서 물건의 가격을 매길 수 있는 돈을 만들어 낸 거야.

친구에게 말할 때

사람들이 돈을 만든 까닭을 알고 있니? 물물교환을 할 때 사람들은 서로 원하는 것과 생각하는 물건의 가치가 달라서 불편함을 느꼈어. 그래서 사람들은 물건의 가격을 매길 수 있는 새로운 물건을 생각해 낸 거지. 그게 바로 돈이야. 최초의 돈은 중국인들이 사용한 조개껍데기래.

여러 사람 앞에서 말할 때

사람들이 왜 돈을 만들게 되었는지 알고 계신가요? 물물교환을 할 때 사람들은 서로 원하는 것과 생각하는 물건의 가치가 달라서 불편함을 느꼈다고 합니다. 그래서 사람들은 물건의 가격을 매길 수 있는 새로운 물건을 생각해 낸 것이죠. 그것이 바로 돈이랍니다. 최초의 돈은 중국인들이 사용한 조개껍데기입니다.

동생, 친구, 여러 사람 앞에서 말했을 때의 다른 점을 친구들과 이야기해 보세요.

동생에게는 이해하기 쉽게 말했어.

친구에게는 관심 가질 만한 내용을 설명했어.

여러 사람 앞에서 말할 때에는 높임말을 사용했어.

 듣는 사람에 따라 말하는 방법을 정리해 보세요.

	동생	친구	여러 사람
말할 내용	사람들이 돈을 만든 까닭		
표현 방법	짧은 문장으로 말한다.	평상시에 사용하는 말로 말한다.	높임말을 사용한다.

듣는 사람에 따라 달라지는 점을 찾아보세요.
자신이 듣는 사람이라면 무엇이 궁금했을지, 상대가
어떻게 말할 때 이해하기 쉬운지 생각해 보세요.

국어 활동

 듣는 사람을 고려해 바르게 말하는 상황은 어느 것인가요?

가 우리 할머니니까 반말로 이야기해도 돼.

할머니나 할아버지가 편하다고 반말을 한 적이 있는지 생각해 보세요.

나 나는 외국어를 잘 못해서 어쩔 수 없었어.

외국인이 말을 걸거나 도움을 요청할 때 당황했던 경험이 있는지 떠올려 보세요.

 다 시각 장애인이 길을 물어보아서 점자 블록으로 안내해 드렸어.

다른 사람의 처지와 마음을 생각하며
바른 표정, 몸짓, 말투로 예의를 지켜 말한 사람은
다 친구임을 알 수 있어요.

 길에서 도움을 청하는 사람을 도운 적이 있나요? 도움을 청하거나 도움을 받았던 경험을 이야기해 보세요.

바른 표정, 몸짓, 말투로 예의를 지켜 말했는지 생각해 보세요.

 듣는 사람의 처지와 마음을 생각하며 말했는지 생각해 보세요. 듣는 사람을 고려해서 이야기하면 듣는 사람이 잘 이해할 수 있고 상대와의 오해가 줄어들어요.

 배울 거리 자신이 겪은 일을 실감 나게 말하기

이렇게 읽어요

자신이 겪은 일을 한 가지 떠올리고 적절한 표정, 몸짓, 말투를 사용하여 친구들과 이야기 나누어 보세요.

선생님과 함께 미리 보는 국어책

 겪은 일을 정리해 보세요.

겪은 일	누구와	언제 어디에서	무엇을

말할 내용	

되돌아보기 표정, 몸짓, 말투를 적절히 사용하여 실감 나게 말하기

 이렇게 배워요

3단원에서는 적절한 표정, 몸짓, 말투로 말하기, 듣는 사람을 고려해 상황에 맞게 말하기, 자신이 겪은 일을 실감 나게 말하기에 관해 배웠어요. 표정, 몸짓, 말투를 실감 나게 표현하면 듣는 사람도 그 일을 생생하게 느낄 수 있어요.

 공부한 내용을 떠올리며 ○표나 △표를 해 보세요.

내용	○ / △
겪은 일을 실감 나게 말할 수 있나요?	
읽는 사람을 고려해 생각을 쓸 수 있나요?	
듣는 사람을 고려해 말했나요?	
상황에 어울리는 표정, 몸짓, 말투를 알고 있나요?	
적절한 표정, 몸짓, 말투로 말했나요?	

 배운 내용을 생활 속에서 실천해 보세요. 내가 할 수 있는 내용인지 확인해 보세요.

내가 본 영화의 내용을 친구들에게 알려 줄 거야.

학교에서 있었던 일에 대해 부모님께 말하려고 해

장래 희망에 대해 친구들 앞에서 발표를 하려고 해.

 사실과 의견을 생각하며 글을 읽고 쓸 수 있어요.

 사실과 의견의 차이점 알기

 이렇게 배워요

사실과 의견을 표현한 문장이나 대화를 보고 어떤 문장이 사실인지, 어떤 문장이 의견인지 구분해 보세요. 정우와 석원이의 대화를 살펴보고 물음에 답하세요.

 선생님과 함께 미리 보는 국어책

미술관에 단원 김홍도의 그림이 있었어.

응, 맞아. 그중에서 나는 씨름하는 장면을 그린 그림이 가장 마음에 들었어. 사람들의 모습과 표정이 실감 나게 느껴졌거든.

정우

석원

☀ 정우와 석원이는 미술관에서 무엇을 보았나요?

☀ 실제로 있었던 일을 말한 사람은 누구인가요?

☀ 대상이나 일에 대한 생각을 말한 사람은 누구인가요?

그림에 대한 정우와 석원이의 대화를 살펴보세요.
현재 벌어진 일이나 실제로 있었던 일을 사실이라고 하고,
대상이나 일에 대한 생각을 의견이라고 합니다. 겪은 일을
이야기해 보고 사실과 의견을 구별하는 활동을 해 보세요.

정우는 미술관에 단원 김홍도의 그림이 있었다고 말했고 이는 사
실을 말한 것입니다.

석원이는 씨름하는 장면을 그린 그림이 가장 마음에 들었다고
말했고 이것은 의견입니다.

다음은 석원이가 미술관에 다녀와서 쓴 일기입니다. 일기를 읽고 사실과 의견을 구별해 보세요.

> 정우와 함께 미술관 현장 체험학습을 다녀왔다. 미술관에는 우리 조상의 생활 모습을 나타낸 그림들이 전시되어 있었다. 그림에 나타난 조상의 생활 모습은 오늘날과는 많이 다르다는 생각이 들었다.

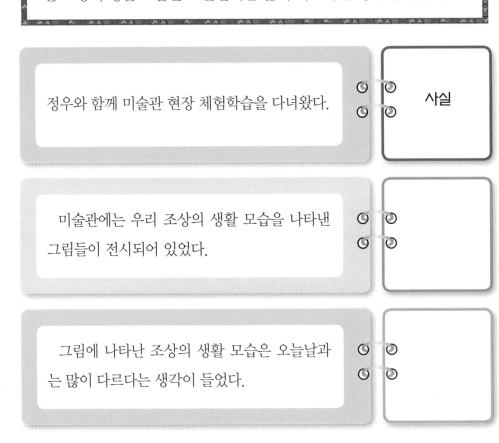

정우와 함께 미술관 현장 체험학습을 다녀왔다.

사실

미술관에는 우리 조상의 생활 모습을 나타낸 그림들이 전시되어 있었다.

그림에 나타난 조상의 생활 모습은 오늘날과는 많이 다르다는 생각이 들었다.

문장에서 담고 있는 내용이 현재에 벌어진 일이고, 실제로 있었던 일이라면 '사실'이라고 할 수 있어요. 문장에서 담고 있는 내용이 글쓴이나 다른 사람의 생각이나 느낌을 담고 있다면 그것은 '의견'이라고 할 수 있어요.

실제로 있었던 일을 나타내는 문장에 ○표를 해 보세요.

토끼는 풀을 먹습니다.

토끼는 귀엽습니다.

책을 읽을 때는 바른
자세로 읽어야 합니다.

여자아이가
책을 읽고 있습니다.

토끼가 풀을 먹고, 여자아이가 책을 읽고 있는 것처럼
있는 그대로 실제로 있었던 일을 담은 것을 '사실'이라고 해요.

대상이나 일에 대한 생각을 나타낸 문장에 ○표를 해 보세요.

축구를 하는 것은
즐겁습니다.

남자아이가 축구공을
몰고 있습니다.

민들레 홀씨가 날아다니는
것을 보면 신기합니다.

민들레 홀씨는 바람에
쉽게 날아다닙니다.

 축구를 하는 것이 즐겁고, 민들레 홀씨가 날아다니는
것을 보면 신기한 느낌이 드는 것은 대상이나 일에 대한
생각을 나타낸 것이므로 '의견'이라고 해요.

배울 거리 글을 읽고 사실과 의견 구별하기

 이렇게 읽어요

사실과 의견을 생각하며 「독도를 다녀와서」를 읽고 글 속에 사실과 의견이
드러난 문장을 찾아 구별해 보세요.

 선생님과 함께 미리 보는 국어책

독도를 다녀와서

지난 방학 때 나는 가족과 함께 독도를 다녀왔다. 평소 나는 독도에 관심이 많아 독도에 대한 책도 읽고 사진도 여러 장 찾아보았다. 그런데 마침 아버지께서 독도를 방문하자고 하셨다. 책이나 인터넷을 통해서만 보던 독도를 직접 가 보는 것이 좋겠다고 생각했다.

우리는 울릉도에 가서 다시 독도로 가는 배를 탔다. 넓고 푸른 바다가 끝없이 펼쳐졌다. 드디어 독도에 도착했다. 배에서 내려 독도에 발을 내딛는 순간 이상하게 가슴이 떨렸다. 수많은 괭이 갈매기가 우리를 반겨 주었다.

독도에는 괭이갈매기뿐만 아니라 슴새, 바다제비 같은 텃새도 살고 있다고 한다. 또 멧도요, 물수리, 노랑지빠귀 들은 독도를 휴식처로 삼아 철마다 머물다 간다고 한다. 책에서만 보았던 슴새나 바다제비를 직접 보니 신기하기만 했다.

독도는 화산암으로 이루어져 식물이 잘 자라기 힘든 곳이다. 이러한 자연환경에도 불구하고 번행초, 괭이밥, 쇠비름 등이 자라고 있다.

독도에서 동해를 바라보니 가슴이 탁 트이는 것 같았다. 우리나라 동쪽 끝 섬인 독도를 아끼고 독도에 꾸준히 관심을 가져야겠다고 생각했다. 아름답고 생명력 넘치는 독도가 우리 땅이라는 것이 아주 자랑스러웠다.

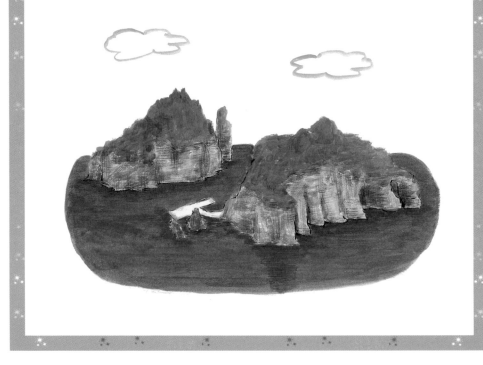

글쓴이는 독도에 다녀와서 많은 것을 느끼고 왔어요.
이 글에는 사실과 의견이 모두 담겨 있어요.

「독도를 다녀와서」를 다시 읽고 사실과 의견을 구별하고, 사실과 의견의 특성을 보기 에서 골라서 써 보세요.

| 보기 | 한 일 | 본 일 | 들은 일 | 느낌 | 생각 |

글	사실/의견	특성
지난 방학 때 나는 가족과 함께 독도를 다녀왔다.		
넓고 푸른 바다가 끝없이 펼쳐졌다.		
독도는 괭이갈매기뿐만 아니라 슴새, 바다제비 같은 텃새도 살고 있다고 한다.		
독도에서 동해를 바라보니 가슴이 탁 트이는 것 같았다.		
아름답고 생명력 넘치는 독도가 우리 땅이라는 것이 아주 자랑스러웠다.		

실제로 겪은 일은 '사실'이고 그 일에 대한 생각은 '의견'입니다.
현재에 벌어진 일이나 실제로 있었던 일은 사실이라고 할 수 있고,
그 일에 대한 생각이 들어 있으면 의견이라고 할 수 있어요.

 사실에 대한 의견 쓰기

 이렇게 배워요

내가 겪은 일을 정해 사실과 의견이 잘 드러나게 글을 써 보세요. 다음 그림을 보고 학교나 집에서 있었던 일을 떠올려 보세요.

 선생님과 함께 미리 보는 국어책

현장 체험학습

과학의 날 행사

가족의 결혼식

학교에서 현장 체험학습을 갔던 일, 지난 주말 가족과 나들이를 간 일, 친구들과 영화관에서 보고 싶던 만화 영화를 본 일, 동생과 집에서 끝말잇기 놀이를 한 일 등 최근에 겪은 일 또는 오래전에 겪었지만 아주 기억에 오래 남는 일을 떠올려 보세요.

누구와 함께 있었나요?	우리 반 친구들, 선생님
언제 어디에서 있었던 일인가요?	
무엇을 했나요?	
어떻게 했나요?	
왜 했나요?	
어떤 생각을 했나요?	

앞에서 정리한 내용을 사실과 의견으로 나누어 보세요.

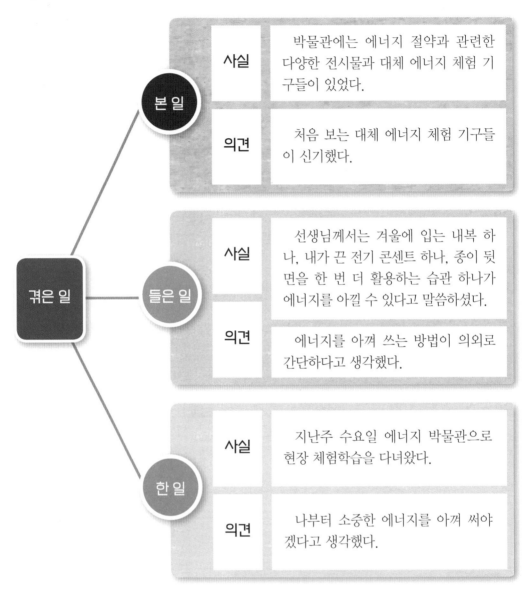

본 일

| 사실 | 박물관에는 에너지 절약과 관련한 다양한 전시물과 대체 에너지 체험 기구들이 있었다. |
| 의견 | 처음 보는 대체 에너지 체험 기구들이 신기했다. |

겪은 일

들은 일

| 사실 | 선생님께서는 겨울에 입는 내복 하나, 내가 끈 전기 콘센트 하나, 종이 뒷면을 한 번 더 활용하는 습관 하나가 에너지를 아낄 수 있다고 말씀하셨다. |
| 의견 | 에너지를 아껴 쓰는 방법이 의외로 간단하다고 생각했다. |

한 일

| 사실 | 지난주 수요일 에너지 박물관으로 현장 체험학습을 다녀왔다. |
| 의견 | 나부터 소중한 에너지를 아껴 써야겠다고 생각했다. |

사실은 실제 일어난 일을 그대로 나타낸 것이고, 의견은 어떤 사실이나 대상을 보고 드는 생각을 말해요. 사실은 사람에 관계없이 항상 같고, 의견은 사람에 따라 다를 수 있어요.

사실과 의견이 드러나게 겪은 일을 글로 써 보세요.

제목: 에너지 박물관을 다녀와서

지난주 수요일에 우리 반은 에너지 박물관에 현장 체험학습을 다녀왔다. 선생님께서는 평소 에너지 절약에 관심이 없는 우리들에게 에너지 절약의 중요성을 알려 주시기 위해서 현장 체험학습을 가는 것이라고 말씀하셨다.

박물관에는 에너지 절약과 관련된 다양한 전시물과 대체 에너지 체험 기구들이 있었다. 선생님께서는 겨울에 입는 내복 하나, 내가 끈 전기 콘센트 하나, 종이 뒷면을 한 번 더 활용하는 습관 하나가 에너지를 아낄 수 있다고 말씀하셨다.

이번 현장 체험학습을 통해 에너지의 중요성과 에너지 절약의 필요성에 대해 알게 되었다. 박물관을 나서며 나부터 소중한 에너지를 아껴 써야겠다고 생각했다.

그림을 보고 의견을 떠올리는 방법과 그에 알맞은 내용을 찾아 선으로 이어 보세요.

사실에 대해 드는 감정이나 기분을 떠올린다.	여러 사람이 쓰레기를 마구 버려서 백사장이 지저분해졌어.
사실에 드러난 문제를 떠올린다.	자기 쓰레기는 자기가 치워야 해.
사실에 드러난 문제를 해결할 수 있는 방법을 떠올린다.	쓰레기가 흩어져 있는 지저분한 백사장의 모습을 보니 불쾌했어.

배울 거리 우리 학급의 일에 대해 의견이 드러나게 쓰기

 이렇게 배워요

학급 신문에 실릴 만한 사건이나 소식을 찾아보고 기사로 쓸 내용을 정해 학급 신문을 만들어 보세요

 선생님과 함께 미리 보는 국어책

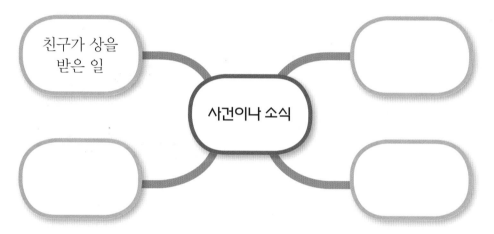

친구가 상을 받은 일

사건이나 소식

 앞에서 찾은 일 가운데에서 학급 신문의 기사로 쓸 내용과 쓸 사람을 정해 보세요.

날짜	기사 내용	쓸 사람

기사 내용을 조사하여 학급 신문 기사로 쓸 때에는 어떤 일이 있었는지 사실을 정확하게 조사해야 하고, 선생님과 친구, 부모님이 한 말도 기록하면 좋아요.

앞에서 찾은 기사 내용을 조사해 학급 신문 기사로 써 보세요.

제목: 우리 반이 독서왕!

우리 반이 1학기 도서관 대출 권수 조사에서 가장 책을 많이 읽은 반으로 뽑혔다. 그래서 아침 방송 시간에 교장 선생님께서 상장과 상품을 주셨다. 상품은 줄넘기였다. 교장 선생님은 우리 반을 칭찬해 주셨다. 그리고 책 읽는 것만큼 운동도 열심히 하라는 의미에서 줄넘기를 준다고 하셨다.

 학급 신문에서 인상적인 기사를 읽고 자신의 의견을 써 보세요.

기사	자신의 의견
제목: 고운 말을 쓰자.	
내용: 지난주 우리 반 친구들끼리 거친 말을 쓰다가 다투게 되어서 선생님께 혼난 일이 있었다. 앞으로는 고운 말을 사용하는 습관을 기르자.	

되돌아보기 기사문을 읽고 사실과 의견 구별하기

 이렇게 배워요

4단원에서는 사실과 의견의 차이점 알기, 글을 읽고 사실과 의견 구별하기, 사실에 대한 의견 말하기, 사실에 대한 의견 쓰기, 우리 학급의 일에 대해 의견이 드러나게 쓰기에 관해 배웠어요. 자신의 생각이나 느낌을 창의적으로 표현해 보세요.

 다음 지역 신문에 실린 기사를 읽고 사실과 의견을 구별해 보세요.

학급 신문, 내 손으로 만들어요

학생들의 생생한 학교생활을 담은 학급 신문이 눈길을 끌고 있다. 최○○ 교사와 학생들이 만든 『사랑의 교실』은 학교의 각종 행사, 수업 내용 등 학교와 반별 소식으로 채워진다. 매주 신문이 발행된 뒤 부모들에게 배달하는 것 또한 학생들의 몫이다. 신문 제작 과정에 직접 참여하는 것은 새로운 학습 경험을 제공한다. 또 학교와 부모 간의 소통을 도울 것이다. 이러한 활동은 지역 내 여러 학교에서도 참고할 필요가 있다.

○○○ 기자

의견	
사실	

이야기의 흐름을 파악하며 이어질 내용을 상상해 쓸 수 있어요.

 그림의 순서를 정해 이야기 꾸미기

✿ 이렇게 배워요

　그림을 보고 인물의 말이나 행동을 상상한 후에 이야기를 꾸며 보세요.

✿ 선생님과 함께 미리 보는 국어책

그림의 순서를 정하고 어떤 상황인지 간단히 정리해 보세요.

일이 일어난 순서	상황
	소풍 전날 들떠서 잠을 못 이루고 있다.

일이 일어난 순서	상황

 앞에서 정한 그림의 순서에 따라 이야기를 꾸며 보세요.

이야기를 꾸밀 때에는 일의 과정이 잘 드러나고 이야기가 자연스럽게 연결되도록 해야 해요. 또 일어난 일들이 각자 따로 일어나는 것이 아니라 원인과 결과로 연결이 되도록 꾸며야 합니다.

배울 거리 사건의 흐름을 파악하며 이야기 읽기

이렇게 읽어요

인물, 배경, 사건들 사이에 어떤 연관이 있는지 살펴보며 이야기를 읽어 보세요. 일이 일어난 차례에 따라 사건의 흐름을 정리하고, 빈칸에 들어갈 알맞은 말을 보기 에서 골라 쓰세요.

선생님과 함께 미리 보는 국어책

이야기에 나타난 [   ] , 장소, 일어난 일을 찾아봅니다.

이야기에서 일어난 중요한 [   ] 을/를 찾아봅니다.

일이 일어난 [   ] 을/를 살펴봅니다.

| 보기 | 인물   차례   일 |

이야기를 읽고 사건의 흐름을 파악하기 위해서는
이야기에 나타난 인물, 장소, 일어난 일을 찾아보고
이야기에서 일어난 중요한 일과 일이 일어난
차례를 살펴보는 것이 효과적이에요.

이야기의 흐름 이해하기

 이렇게 읽어요

이야기의 흐름을 이해하며 「우산과 도시락」을 읽어 보세요. 이야기의 흐름을 처음, 가운데, 끝으로 정리해 보세요.

 선생님과 함께 미리 보는 국어책

우산과 도시락

내일은 연주가 꿈에도 기다리던 소풍날입니다. 무척 기대되고 행복해서 연주는 소풍 전날 밤 12시가 넘는 시간까지 잠을 이룰 수 없었습니다.

다음 날 아침, 연주는 늦게 일어나고 말았습니다. 시곗바늘은 8시 30분을 가리키고 있었고, 깜짝 놀란 연주는 학교를 향해 뛰기 시작했습니다.

다행히도 무사히 소풍 장소에 왔고, 점심시간이 되었습니다. 친구들과 함께 맛있는 도시락을 먹으려고 가방 안을 본 연주의 얼굴은 울상이 되었습니다. 아침에 정신없이 허둥대며 나오다가 엄마가 신발장 앞에 둔 도시락 대신 우산을 들고 나온 것이었습니다.

도시락은 없고 우산이 덩그러니 놓인 가방 안을 보며 연주의 눈에는 눈물이

맺혔습니다.

　이때였습니다.

　"연주야, 내 김밥 같이 먹자."

　짝꿍인 현지였습니다.

"그게 말이야. 아침에 늦잠을 자는 바람에 도시락 대신 우산을 가지고 왔나 봐."

"하하하, 재밌다. 나는 오늘 엄마가 유난히 김밥을 많이 싸 주셨거든. 내 김밥 같이 먹으면 되겠다."

　현지의 김밥을 나눠 먹으며 연주는 고마운 마음을 느꼈습니다. 현지네 김밥은 무척 맛있었습니다.

　즐거운 소풍이 끝나고 이제 돌아가려고 하는데, 비가 내리기 시작했습니다.

　'우둑 우두둑 우두둑'

　갑자기 쏟아진 비로, 다들 정신없이 뛰어가거나 어떻게 할지 몰라 머뭇머뭇하고 있었습니다. 현지도 우산이 없어서 어떻게 하면 좋을지 생각하고 있었습니다. 이때 연주가 현지에게 다가가 우산을 씌워 주었습니다.

　"현지야, 같이 우산
쓰고 가자."

　둘은 서로를 마주
보며 씽긋 웃었습니다.

「우산과 도시락」을 다시 읽고 일어난 일을 정리해 보세요.

> 연주는 소풍 전날 들떠서 잠을 못 이룬다.

⬇

>

⬇

>

⬇

>

⬇

>

 이야기를 읽고 이야기의 흐름을 정리하는 방법입니다. 빈칸에 들어갈 알맞은 말을 보기 에서 골라 쓰세요.

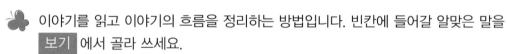

| 보기 | 시간 | 글쓴이 | 인물 | 차례 | 일 | 가운데 |

🌀 일어난 [   ] 을/를 차례 대로 정리합니다.

🌀 일어난 일을 처음, [   ] , 끝의 흐름으로 정리합니다.

 자신이 상상한 이야기를 친구들에게 들려주기

 이렇게 배워요

사진이나 그림을 보고 일어날 수 있는 일을 상상하고 자신이 상상한 이야
기를 꾸며 써 보세요. 그림을 살펴보고 떠오르는 생각을 말해 보세요.

선생님과 함께 미리 보는 국어책

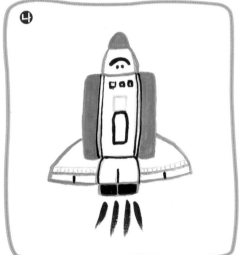

어떤 일이 일어날지 상상한 이야기를 꾸며 보세요.

주인공이 우주여행을 떠남.

연료 부족으로 한 행성에 불시착하게 됨.

우연히 착륙한 행성에서 외계인을 만나
지구의 과학 지식으로 외계인을 도와 줌.

외계인의 도움을 받아 연료를 구해 지구로 돌아옴.

 자신이 상상한 이야기를 꾸며 보세요.

빨간색으로 쓰인 부분을 바르게 띄어 써 보세요.

볼만큼 보았어.

➡

노력한만큼 얻게 될 거야.

➡

될 수 있는대로 빨리 오세요.

➡

원하는대로 해 주겠습니다.

➡

소문으로만 들었을뿐이에요.

➡

모두 구경만 할뿐이었어요.

➡

'만큼', '대로', '뿐'은 다른 낱말과 함께 쓰는 낱말입니다.
'-는/-을/-던' 등으로 끝나는 말 뒤에서는 띄어 쓰고, '돌', '달'과 같이
이름이나, '하나', '둘'과 같이 수를 나타내는 말 뒤에서는 붙여 쓰지요.

 밑줄 그은 부분을 바르게 띄어 써 보세요.

교실 안은 숨소리가 <u>들릴만큼</u> 조용했어요.

솔직히 <u>아는대로</u> 말해 봅시다.

말만 하지 <u>않았다뿐이지</u> 모두가 알고 있어요.

되돌아보기 이야기의 흐름 파악하기

 이렇게 배워요

5단원에서는 그림의 순서를 정해 이야기 꾸미기, 사건의 흐름을 파악하며 이야기 읽기, 이야기의 흐름 이해하기, 상상한 이야기를 꾸며 써 보기에 관해 배웠어요. 문학 작품을 이해하는 능력을 키워 보세요.

 이야기의 흐름에 대한 설명이 바른 것을 따라 길을 찾아가 보세요.

학습 목표 회의의 절차와 규칙을 알고 회의에 적극적으로 참여해 보세요.

배울 거리 회의에 대한 경험 떠올리기

 이렇게 배워요

그림을 보고 회의를 하거나 회의를 본 경험을 떠올려 보고, 회의를 해 본 경험을 정리해 보세요.

 선생님과 함께 미리 보는 국어책

가족회의

전교 어린이 회의

마을 회의

회의하는 모습을 살펴보면
여러 사람이 모여서 어떤 것을
결정하려고 이야기하고 있다는
공통점을 찾아볼 수 있어요.

회의의 경험을 떠올려 보세요.

회의 주제	
회의 목적	
회의 참석자	
회의 내용	
회의 결과	

가족회의, 전교 어린이 회의, 마을 회의 등 여러 회의를
직접 하거나 본 적이 있을 거예요. 회의가 잘 진행이 되었는지
절차는 잘 지켜졌는지 생각해 보세요.

배울 거리 회의의 절차와 참여자의 역할 익히기

 학급 회의를 해 본 경험을 떠올려 보세요.

회의에서 맡은 역할을 찾아보세요.

역할	해당하는 친구 번호
사회자	
회의 참여자	
기록자	

회의 참여자는 자신의 의견을 발표하는 사람 외에도 다른 사람의 의견을 들어 주는 사람도 해당되지요.

 자신이 경험한 학급 회의에 대해 떠올려 보고, 다음 질문에 따라 경험을 정리해 보세요.

무엇에 대해 회의했나요?	
회의는 어떻게 진행되었나요?	
누가 어떤 말을 했나요?	

글을 읽고 회의 절차와 참여자의 역할을 알아보세요.

사회자	지금부터 제○○회 학급 회의를 시작하겠습니다.	개회
기록자	(칠판이나 회의록에 내용을 기록한다.)	

사회자	모두 자리에서 일어나 앞에 있는 국기를 향해 주시기 바랍니다. 국기에 대하여 경례! (국기에 대한 맹세) 큰 소리로 애국가를 불러 주시기 바랍니다. (애국가 제창) 자리에 모두 앉아 주십시오.	국민의례

사회자	이번 주 생활 목표로 어떤 주제를 정하면 좋을지 말씀해 주십시오. 김영이 친구가 의견을 발표해 주십시오.	주제 선정
회의 참여자 1	요즈음 교실이 많이 지저분합니다. 그래서 '깨끗한 교실을 만들자.'를 제안합니다.	
회의 참여자 2	지난주에 복도에서 뛰다가 다친 친구를 봤습니다. 저는 '안전한 학교생활을 하자.'를 주제로 제안합니다.	

사회자   이제 토의 주제에 대한 표결을 하겠습니다. 주제는 참석자의 반이 넘는 수가 찬성하는 것으로 정하겠습니다.

두 주제 가운데에서 첫 번째 주제에 찬성하는 분은 손을 들어 주십시오. 두 번째 주제에 찬성하는 분은 손을 들어 주십시오.

27명 가운데 18명이 첫 번째 주제를 선택했습니다.

기록자   (칠판이나 회의록에 내용을 기록한다.)

주제
선정

사회자   깨끗한 교실을 만들기 위해 우리가 할 수 있는 실천 사항을 발표해 주십시오.

이정수 친구.

**회의
참여자 3**   1인 1역할을 정해 청소하면 빠뜨린 곳 없이 교실 전체가 깨끗해질 것이라고 생각합니다.

사회자   좋은 의견을 주셔서 감사합니다. 다른 의견이 있으면 발표해 주십시오.

윤지호 친구.

**회의
참여자 4**   일주일에 한 번은 다 같이 대청소를 하면 좋

주제
토의

겠습니다. 그러면 교실을 깨끗하게 사용하는 습관이 생길 것입니다.

사회자 좋은 의견입니다. 다른 의견은 없습니까?

회의 참여자 5 분리배출을 잘하면 좋겠습니다. 재활용 쓰레기를 분리하지 않고 바로 쓰레기통에 버리는 친구들이 있어서 교실이 깨끗하지 않아 보입니다.

기록자 (칠판이나 회의록에 내용을 기록한다.)

주제
토의

사회자 다른 의견이 없습니까? 그러면 지금까지 나온 의견 가운데에서 실천 사항을 정해도 되겠습니까?

회의 참여자들 네, 좋습니다.

사회자 먼저, '1인 1역할을 정해 청소하자.'를 실천 사항으로 정하는 것에 찬성하는 분은 손을 들어 주십시오. 27명 가운데에서 19명이 찬성했습니다.

다음, '일주일에 한 번은 다 같이 대청소를 하

표결

자.'를 실천 사항으로 정하는 것에 찬성하는 분은 손을 들어 주십시오. 27명 가운데에서 9명이 찬성하였으므로 실천 사항으로 채택하지 않겠습니다.

마지막으로 '분리배출을 잘하자.'를 실천 사항으로 정하는 것에 찬성하는 분은 손을 들어 주십시오. 27명 가운데에서 21명이 찬성했습니다.

기록자

(칠판이나 회의록에 내용을 기록한다.)

표결

사회자

이번 주 생활 목표는 '깨끗한 교실을 만들자.'이고 실천 사항으로는, 첫째, '1인 1역할을 정해 청소하자.', 둘째, '분리배출을 잘하자.'로 결정되었습니다.

결과 발표

사회자

이상으로 학급 회의를 마치겠습니다. 감사합니다.

폐회

회의가 일어나는 과정을 살펴보면, 개회, 국민의례, 주제 선정, 주제 토의, 표결, 결과 발표, 폐회의 순서로 진행되는 것을 알 수 있어요.

🦋 회의의 절차를 정리해 보세요.

개회	회의의 시작을 알린다.
국민의례	회의에 임하는 마음을 가다듬는다.
주제 선정	회의 주제를 정한다.
주제 토의	선정된 주제에 맞는 의견을 제시한다.
표결	찬성과 반대 의견을 헤아려 다수결로 정한다.
결과 발표	결정된 의견을 발표한다.
폐회	회의의 마침을 알린다.

회의가 필요한 까닭은 문제에 대한 해결 방법을 찾을 수 있고 같이 해야 할 일을 결정할 수 있고, 여러 사람의 의견을 들을 수 있기 때문입니다. 사회자는 회의 절차를 안내하고, 회의를 진행하며 회의 참여자에게 발언권을 주는 역할을 합니다. 회의 참여자는 주제에 대한 의견을 발표하고 다른 사람의 의견을 주의 깊게 듣지요. 기록자는 회의가 열린 날짜와 장소, 회의 내용을 기록하는 역할을 해요.

참여자의 역할을 정리해 보세요.

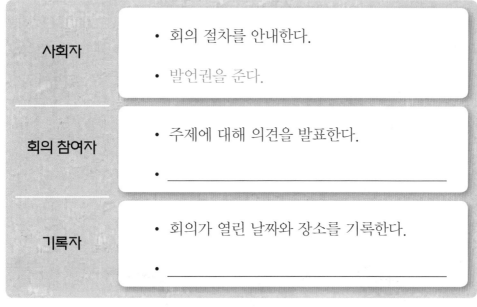

사회자	• 회의 절차를 안내한다. • 발언권을 준다.
회의 참여자	• 주제에 대해 의견을 발표한다. • _____
기록자	• 회의가 열린 날짜와 장소를 기록한다. • _____

회의는 절차에 따라 진행하고
각자의 역할을 잘하는 것이 중요해요.

 학급 회의를 해 본 경험을 다시 떠올려 보고, 회의 절차와 참여자의 역할을 확인해 보세요.

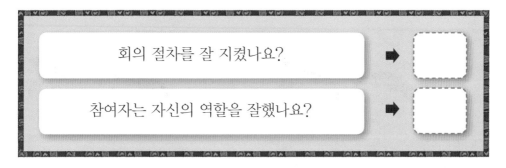

회의 절차를 잘 지켰나요?	➡	
참여자는 자신의 역할을 잘했나요?	➡	

매우 잘함 ◎. 잘함 ○, 보통임 △

배울 거리   회의 주제에 맞게 말할 내용 쓰기

 이렇게 배워요

회의 주제를 정하는 방법을 알고, 회의 주제에 맞게 말할 내용을 정리하는 연습을 해 보세요. 그림을 살펴보고 회의 주제를 정하는 방법을 알아보세요.

선생님과 함께 미리 보는 국어책

회의 주제를 정하는 방법을 정리해 보세요.

- 해결해야 할 문제점을 찾는다.

- 우리가 해결할 수 있는 문제인지 생각한다.

- 공통의 관심사인지 확인한다.

- 실천할 수 있는 해결 방법을 떠올린다.

회의 주제를 정하는 방법에는 제시된 내용 외에도 '구체적인 주제를 정합니다.', '의논할 문제를 미리 충분히 생각해 둡니다.'와 같은 방법을 생각해 볼 수 있어요.

 회의 주제에 맞게 말할 내용을 정리해 보세요.

- 회의 주제와 관련 있는 의견과 근거를 떠올린다.

- 회의 주제와 관련이 있는지 확인한다.

- 실천할 수 있는지 생각한다.

- 많은 사람에게 도움이 되는지 생각한다.

다음 회의 내용을 읽고 물음에 답해 보세요.

순서	절차	회의 내용
1	개회	**사회자:** 지금부터 제○○회 학급 회의를 시작하겠습니다.
2	국민 의례	**사회자:** 모두 자리에서 일어나 앞에 있는 국기를 향해 주시기 바랍니다. 국기에 대하여 경례! (국기에 대한 맹세) 바로! 큰 소리로 애국가를 불러 주시기 바랍니다. (애국가) 자리에 모두 앉아 주십시오.
3	주제 선정	**사회자:** 이번 주 생활 목표로 어떤 주제를 정하면 좋을지 발표해 주십시오. **회의 참여자1:** 지난 체육 시간에 편을 나누어 놀이를 한 뒤, 우리 반 친구들 사이가 나빠진 것 같습니다. 그래서 '친구들과 친하게 지내자'는 주제를 제안합니다. …… **사회자:** 세 가지 주제에 대해 표결한 결과, 첫 번째 주제를 25명 가운데 13명이 선택했습니다.
4	주제 토의	**사회자:** 친구들과 친하게 지내기 위해 우리가 할 수 있는 실천 사항을 발표해 주십시오.

4	주제 토의	회의 참여자2: 노래를 하나 정해 우리 모두가 한마음으로 하는 기악 합주를 하면 좋겠습니다. 사회자: 기악 합주는 시끄러워 다른 학급에 방해가 됩니다. 다른 더 좋은 의견을…… 회의 참여자3: 그러면 우리 반 친구들이 모두 '○○산 둘레 길 탐방하기'에 참여하면 좋겠습니다. 함께 걷고, 이야기도 하고, 음식도 나누어 먹으면 다시 친해질 수 있을 것 같습니다. 사회자: 좋은 의견입니다. 또 다른 의견이 있습니까? ……
5	표결	사회자: 그러면 지금까지 나온 의견 가운데에서 실천 사항을 정해도 되겠습니까? 회의 참여자들: 네, 좋습니다. 사회자: 그럼 먼저, '○○산 둘레 길 탐방하기'를 실천 사항으로 정하는 것에 찬성하는 분은 손을 들어 주십시오. (잠시 뒤) 25명 가운데에서 과반수인 18명이 찬성했습니다. …… 회의 참여자4: 사회자님, 이제 생각이 났는데 실천 사항을 하나 제안하겠습니다. 사회자: 표결까지 끝났으므로 더 이상 의견은 받지 않겠습니다. 결정한 사항을 말씀드리겠습니다.

6	결과 발표	사회자: 이번 주 생활 목표는 '친구들과 친하게 지내자'이고 실천 사항으로는 첫째, 'ㅇㅇ산 둘레 길 탐방하기'와 둘째, '서로에게 다정하게 말하기'가 결정되었습니다.
7	폐회	사회자: 이상으로 학급 회의를 마치겠습니다. 감사합니다.

☀ 사회자가 잘못한 부분을 찾고 어떻게 고쳐야 할지 써 보세요.

☀ 회의 참여자가 잘못한 부분을 찾고 어떻게 고쳐야 할지 써 보세요.

회의는 사회자, 회의 참여자, 기록자의 역할이 모두 중요해요.
모두 절차와 예의를 지켜야 순조롭게 회의가 진행될 수 있어요.
사회자가 회의 참여자의 의견을 판단해서는 안 되며 회의 참여자도
회의 절차를 지키지 않고 자기 의견을 발표해서는 안 됩니다.

 배울 거리 절차와 규칙을 지키며 회의하기

 이렇게 배워요

질서와 규칙을 지키며 회의를 하는 방법에 대해 알아보세요.

선생님과 함께 미리 보는 국어책

1

사회자 '친구들과 사이좋게 지냅시다.'를 주제로 의견을 제시해 주시기 바랍니다.

회의 참여자1 (갑자기 벌떡 일어서서) 친구들끼리 고운 말을 썼으면 좋겠습니다.

사회자 (당황하면서) 발언권을 얻고 말씀해 주시기 바랍니다.

2

회의 참여자2 친구들끼리 서로 별명을 부르지…….

회의 참여자3 (중간에 말을 가로채면서) 별명을 부르는 것은 서로 친하기 때문입니다. 저는 함께 어울려 노는 것이…….

회의 참여자2 제 의견을 끝까지 들어 주시기 바랍니다.

3

회의 참여자2 친구들끼리 서로 별명을 부르지 않았으면 합니다. 별명을 들으면 기분이 나쁠 때가 많기 때문입니다.

사회자 또 다른 의견이 있으십니까? (여러 친구가 손을 들지만 다시 회의 참여자 2를 가리키면서) 네, 김은정 친구, 발언해 주십시오.

회의 참여자4 사회자님, 여러 사람에게 발언권을 골고루 주시기 바랍니다.

회의 장면에서 나타난 문제점을 말해 보세요.

장면	문제점
❶	발언권을 얻지 않고 말했다.
❷	
❸	

 회의에서 참여자들이 지켜야 할 규칙을 말해 보세요.

사회자	• 발언권을 골고루 준다. • 회의 절차를 안내한다.
회의 참여자	• 친구가 발언할 때 끼어들지 않는다. • 다른 사람의 의견을 존중한다. • 자신의 의견만 옳다고 주장하지 않는다. • 알맞은 크기의 목소리로 말한다.
기록자	• 중요한 내용을 요약해서 기록한다. • 회의 날짜와 시간, 장소를 기록한다.

되돌아보기 회의 절차와 회의할 때 주의할 점 알기

 이렇게 배워요

6단원에서는 회의에 대한 경험 떠올리기, 회의의 절차와 참여자의 역할 익히기, 회의 주제에 맞게 말할 내용 쓰기에 관해 배웠어요. 회의에 참여하여 자신의 의견을 적극적으로 표현할 수 있는 능력을 길러 보세요.

 회의 절차를 정리해 보고, 회의할 때 주의할 점을 생각해 보세요.

회의 절차 정리하기

회의할 때 주의할 점

 배운 내용을 생활 속에서 실천해 보세요. 내가 할 수 있는 내용인지 확인해 보세요.

가족회의를 할 때
주제에 맞는 의견을
말할 거야.

친구에게 내 의견을
내세울 때에는 근거를
들어 말할 거야.

회의에 참여할
때에는 발언권을 얻어서
말할 거야.

 사전을 활용해 낱말의 뜻을 찾아보세요.

 글에서 낱말의 뜻 짐작하기

🌸 이렇게 배워요

글을 읽다가 뜻을 잘 모르는 낱말을 보았을 때의 경험을 떠올려 보며 낱말의 뜻을 다양한 방법으로 짐작하며 읽는 방법을 알아보세요. 보기 에 제시된 낱말을 국어사전에서 찾아보세요.

🌸 선생님과 함께 미리 보는 국어책

| 보기 | 벽지　　접는다　　창호지　　말아서　　갱지　　찢으면 |

🌀 보기 의 낱말을 모양이 바뀌는 낱말과 바뀌지 않는 낱말로 분류해 보세요.

모양이 바뀌는 낱말	모양이 바뀌지 않는 낱말
접는다, 말아서, 찢으면	벽지, 창호지, 갱지

🌀 보기 의 낱말을 국어사전에 실리는 순서대로 써 보세요.

갱지	➡	말아서	➡	벽지
접는다	➡	찢으면	➡	창호지

국어사전에서 낱말 찾기
첫 자음자가 실린 순서: ㄱ, ㄲ, ㄴ, ㄷ, ㄸ, ㄹ, ㅁ,
ㅂ, ㅃ, ㅅ, ㅆ, ㅇ, ㅈ, ㅉ, ㅊ, ㅋ, ㅌ, ㅍ, ㅎ

모음자가 실린 순서: ㅏ, ㅐ, ㅑ, ㅒ, ㅓ, ㅔ, ㅕ, ㅖ, ㅗ, ㅘ, ㅙ, ㅚ, ㅛ, ㅜ, ㅝ, ㅞ, ㅟ, ㅠ, ㅡ, ㅢ, ㅣ

예를 들어 '벽지'를 찾으려면 먼저 첫 번째 글자인 '벽'을 찾고, 그다음에 두 번째 글자인 '지'를 찾아요. '벽'을 찾을 때에는 첫 자음자인 'ㅂ'을 찾고, 모음자 'ㅕ', 끝 자음자 'ㄱ'을 순서대로 찾아요.

🦋 모양이 바뀌는 낱말의 뜻을 국어사전에서 찾는 방법을 알아보세요.

동생이 색종이로 꽃잎을 접는다. 누나는 색종이의 끝을 말아서 꽃받침을 만들었다. 엄마가 색종이를 찢으면 아빠는 꽃자루에 붙였다.

🦋 낱말에서 모양이 바뀌지 않는 부분과 바뀌는 부분을 찾아보세요.

낱말	바뀌지 않는 부분	바뀌는 부분
접는다	접	는다
말아서	말	아서
찢으면	찢	으면

🦋 앞에서 찾은 낱말의 바뀌지 않는 부분에 '-다'를 붙여 기본형을 만들어 보세요.

바뀌지 않는 부분	바뀌는 부분	기본형
접	는다, 어서, 으면, 겠다	접다
말	고, 아서, 겠다, 으니	말다
찢	어서, 는다, 고, 겠다, 으니	찢다

낱말의 기본형을 알아보세요.

낱말의 모양	바뀌지 않는 부분	기본형
읽는다, 읽어서, 읽으니, 읽겠다	읽	읽다
밝아서, 밝으니, 밝고, 밝은	밝	밝다
뒤쫓아, 뒤쫓으니, 뒤쫓는, 뒤쫓을	뒤쫓	
잡아, 잡으니, 잡고, 잡을		

 다음 글에서 파란색으로 쓰인 낱말의 기본형을 써 보세요.

나는 한지 공예를 좋아합니다. 한지를 예쁜 모양으로 잘라서 색깔을 맞춰 붙이면 아름다운 그릇이 완성됩니다. 내가 만든 작품을 보고 있으면 기분이 좋습니다.

낱말의 모양	바뀌지 않는 부분	기본형
좋아합니다	좋아하	좋아하다
예쁜	예쁘	
붙이면	붙이	
보고		

기본

 배울 거리 사전에서 뜻을 찾아 낱말의 관계 알기

이렇게 배워요

글 속의 낱말이 다른 낱말과 이루는 관계를 알아보세요. 낱말들의 관계를 생각하며 다음 물음에 답하세요.

선생님과 함께 미리 보는 국어책

두 낱말이 어떤 관계에 있는지 알아보세요.

가다 오다	➡	뜻이 (반대)인 관계
책 동화책	➡	한 낱말이 다른 낱말을 (포함)하는 관계

다음 낱말의 뜻을 사전에서 찾고 뜻이 반대인 낱말을 써 보세요.

낱말	사전에서 찾은 뜻	뜻이 반대인 낱말
침침해서		

다음 낱말의 뜻을 사전에서 찾고 포함되는 낱말을 써 보세요.

낱말	사전에서 찾은 뜻	'문학'에 포함되는 낱말
문학		

배울 거리 여러 가지 사전에서 낱말의 뜻 찾기

 이렇게 배워요

여러 가지 사전의 종류와 특징을 알고, 사전을 활용하는 다양한 방법에 대해 알아보세요.

 선생님과 함께 미리 보는 국어책

 국어사전의 종류에는 종이책 사전, 인터넷 사전, 띄어쓰기 사전, 속담 사전 등이 있어요.

 여러 가지 사전 중에서 한 가지 사전을 정하여 조사해 보세요.

사전의 종류	속담 사전
특징	여러 가지 속담의 뜻과 쓰임을 자세하게 설명해 준다.
쓰임 및 좋은 점	책을 읽다가 모르는 속담을 보았을 때나 글을 쓸 때 효과적인 표현을 위해 속담을 찾아볼 수 있다.

「화성 탐사의 현재와 미래」를 읽고 여러 가지 사전에서 낱말의 뜻을 찾아보세요.

화성 탐사의 현재와 미래

화성은 중세 이전에도 하늘을 관측하던 과학자들에게 매우 중요한 천체였다. 화성은 밝게 빛나는 붉은 별이기에 많은 관심의 대상이 되었다. 1976년 미국의 바이킹 우주선이 화성에 착륙해 표면의 모습을 지구에 알려 주었다. 화성의 표면은 삭막하지만 군데군데 강줄기가 말라 있는 것 같은 곳도 있었고, 북극에는 두꺼운 얼음처럼 하얗게 보이는 부분도 있었다.

그 뒤 1997년 미국의 화성 탐사선 마스 글로벌 서베이어는 화성의 궤도에 진입해 화성 표면의 상세한 모습을 사진으로 찍어 지구로 보내 주었다. 이 사진에는 높이 솟은 고원 지대도 있고, 길게 뻗어 있는 좁은 협곡도 있었다. 또 거대한 운석이 충돌해 만들어진 분지 지형도 있었으며, 태양계 행성 가운데 가장 거대한 화산 지형도 있었다. 같은 해 마스 패스파인더는 화성 표면에 착륙해 강줄기처럼 보이는 부분에서 화성 암석을 조사했다. 그 결과 화성에서 강물의 침식과 퇴적 작용이 있었음을 확인했다. 이러한 증거들은 아주 오래전에 화성 표면에 물이 흘렀음을 말해 준다.

화성에 물이 있는지에 대해서는 과학자들은 물론 일반인들에게도 흥미 있는 관심거리이다. 물이 있다는 것은 화성인 또는 외계인까지는 아니더라도 생명체가 있을 수 있음을 의미하기 때문이다. 2004년 미국의 쌍둥이 화성 로봇 탐사선인 스피리트 로버와

오퍼튜니티 로버가 서로 화성의 반대편에 착륙했다. 이들 탐사선의 조사에서 물의 영향을 받은 암석을 발견했다. 이 암석들은 물속과 물 밖의 환경이 번갈아 바뀌는 곳에서 만들어진 것임이 밝혀졌다. 이것은 화성 표면에서 오랜 시간에 걸쳐 물이 있다가 증발하는 과정이 반복되었음을 알려 준다.

미국의 화성 탐사선인 큐리오시티는 2012년에 화성의 적도 부근에 착륙했다. 이 탐사선의 장비인 큐리오시티 마스 로버는 화성 표면 바로 아래에 얼음이 있음을 확인했다.

미국은 2030년까지 사람이 화성으로 여행할 수 있게 하는 연구 과제를 진행 중이다. 큐리오시티 마스 로버는 이 연구 과제의 준비 단계로서 화성에서 사람들이 사는 데 필요한 정보를 수집하고 있다. 미국은 현재 화성 여행을 위해 마스 2020 로버를 준비 중이며, 이 탐사선은 화성에서 사람이 살아가는 데 필요한 산소와 자원을 탐색할 예정이다.

내용을 읽다 보면 모르는 단어가 있을 수 있어요. 이럴 때는 앞뒤 내용을 보면서 뜻을 한번 짐작해 보세요. 나중에 국어사전에서 단어를 찾아 짐작했던 뜻과 같은지 확인해 보고, 전혀 짐작할 수 없었던 단어들은 어떻게 활용되고 있는지 잘 알아보세요.

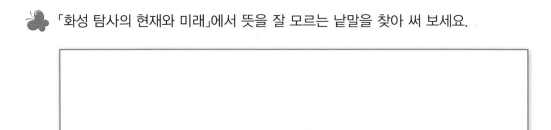

「화성 탐사의 현재와 미래」에서 뜻을 잘 모르는 낱말을 찾아 써 보세요.

「화성 탐사의 현재와 미래」에서 뜻을 잘 모르는 낱말을 여러 가지 사전에서 찾아
보세요.

낱말	사전의 종류	낱말의 뜻
관측	국어사전	육안이나 기계로 자연 현상 특히 천체나 기상의 상태, 추이, 변화 등을 관찰해 측정하는 일.
고원	국어사전	보통 해발 고도 600미터 이상에 있는 넓은 벌판.
퇴적		
협곡		
분지		

낱말의 뜻을 찾기 위해서 여러 가지 사전을 이용할 수
있어요. 예를 들어, 휴대 전화로 인터넷 사전을 이용할 수 있고,
컴퓨터에 저장된 사전을 이용할 수 있지요. 또 도서관에
가서 국어사전을 빌려 와 찾아볼 수 있어요.

 배울 거리 나만의 낱말 사전 만들기

 이렇게 배워요

다양한 낱말로 자신만의 낱말 사전을 만들어 보세요.

 선생님과 함께 미리 보는 국어책

우리 주변에는 여러 가지 사전이 있어요. 국어사전, 인터넷 사전, 컴퓨터 사전, 유의어 사전, 고유어 사전, 인명사전 등이 있어요. 이 중에서 만들어 보고 싶은 사전을 골라 보세요.

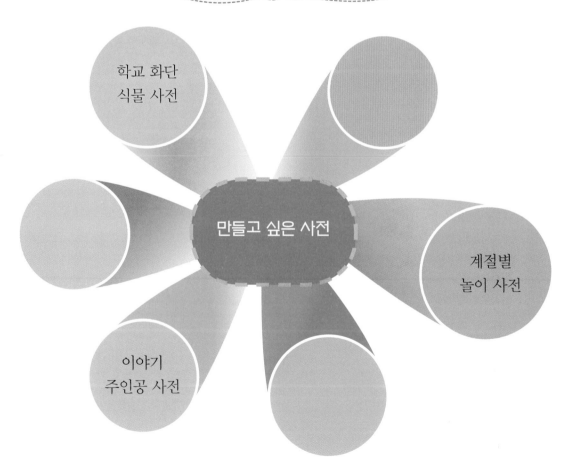

나만의 사전을 만들기 위한 과정입니다. 과정을 알아보고 나만의 낱말 사전을 만들기 위한 계획을 세워 보세요.

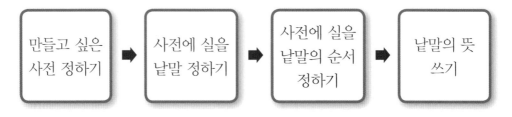

만들고 싶은
사전 정하기 ➡ 사전에 실을
낱말 정하기 ➡ 사전에 실을
낱말의 순서
정하기 ➡ 낱말의 뜻
쓰기

사전 이름	

순서	낱말	낱말의 뜻

낱말 사전을 만들 때 앞서 정한 낱말을 순서대로 쓰고 그 옆에
낱말의 뜻, 발음, 비슷한 말이나 반대말, 예문 등을 쓸 수 있어요.
또 사전의 앞표지는 제목이나 그림, 사전을 알릴 수 있는 간단한 글을
쓰고, 뒤표지는 국어사전을 활용하면 좋은 점 등을 써 보세요.

여러 가지 방법으로 나만의 낱말 사전을 만들어 보세요.

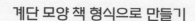

계단 모양 책 형식으로 만들기

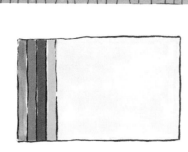

❶ 종이 여러 장을 일정한 간격을 두고 놓는다.

❷ 가운데보다 약간 아래쪽에서 접는다.

❸ 일정한 간격으로 계단 모양이 되도록 접는다.

❹ 구멍을 뚫어 끈으로 묶거나 종이찍개로 찍는다.

나만의 낱말 사전을 만들면 자신이 좋아하는 낱말이나 기억하고 싶은 낱말을 모아 두고 볼 수 있어요. 또 뜻을 잘 모르는 낱말을 모아 사전을 만들면 뜻을 잘 기억할 수 있지요.

🦋 다음 낱말의 뜻을 여러 가지 사전에서 찾아보세요.

낱말	사전의 종류	낱말의 뜻
냉대		
사연	국어사전	복잡하게 얽힌 일의 앞뒤 사정.
향신료		
레게	백과사전	자메이카에서 시작된 음악 양식.
일석이조	고사성어 사전	돌 한 개를 던져 두 마리의 새를 잡는다는 뜻으로, 한 가지의 일로 두 가지 또는 그 이상의 이득을 얻음을 이루는 말.

 사전을 이용하면 뜻을 정확하게 알지 못하는 낱말의 정확한 뜻을 알 수 있어요. 또 사전을 이용하면 글의 내용을 더 잘 이해할 수 있게 된답니다.

되돌아보기 사전에서 낱말의 뜻을 찾고 낱말을 넣어 문장 만들기

 이렇게 배워요

7단원에서는 글에서 낱말의 뜻 짐작하기, 사전에서 뜻을 찾아 낱말의 관계 알기, 여러 가지 사전에서 낱말의 뜻 찾기, 낱말의 뜻을 사전에서 찾으며 글 읽기, 나만의 낱말 사전 만들기에 관해 배웠어요. 국어사전을 즐겨 활용하는 습관을 가져 보세요.

파란색으로 쓰인 낱말의 뜻을 국어사전에서 찾고, 그 낱말을 넣어 문장을 만들어 보세요.

> 인간은 엄연히 동물에 속하지요. 그것도 새끼를 일정 기간 몸속에서 키워 내보낸 뒤 젖을 먹여 키우는 포유동물이에요.

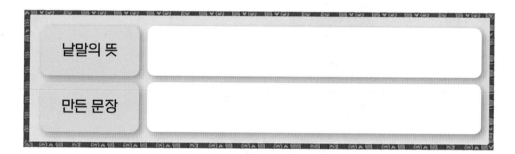

낱말의 뜻	
만든 문장	

배운 내용을 생활 속에서 실천해 보세요. 내가 할 수 있는 내용인지 확인해 보세요.

글에서 낱말의 뜻이 잘 짐작되지 않을 때 나는 사전을 찾아볼 거야.

낱말의 여러 가지 뜻을 확인하고 싶을 때 사전을 이용하겠어.

낱말의 뜻이 비슷해서 헷갈릴 때 사전을 이용해서 정확한 뜻을 알 거야.

 제안하는 글을 써 보세요.

 제안하는 글에 대해 알기

 이렇게 배워요

우리 주변에서 제안이 필요한 경우를 떠올리며 제안하는 글에 들어갈 내용과 그 특징이 무엇일지 생각해 보세요. 「진영이에게 있었던 일」을 읽고 물음에 답해 보세요.

 선생님과 함께 미리 보는 국어책

진영이에게 있었던 일

지난 주말에 저는 동생과 함께 집 앞 화단에 꽃을 심었습니다. 그런데 오늘 물을 주려고 보니 담배꽁초와 쓰레기가 꽃 주위에 흩어져 있었습니다. 그 모습을 보니 속이 상했습니다.

진영이는 화단에 버려진 쓰레기를 보면서 깨끗한 화단을 만들려면 어떻게 하면 좋을지 곰곰이 생각했습니다. 그리고 자신의 의견을 알리고자 아파트 주민에게 글을 써서 붙이기로 결심했습니다. 얼마 뒤, 화단은 몰라보게 깨끗해졌습니다.

지난 주말에 진영이가 한 일은 무엇인가요?

진영이와 진영이 동생이 실망한 까닭은 무엇인가요?

진영이는 문제점을 어떻게 해결했나요?

 진영이가 쓴 글을 읽고 물음에 답해 보세요.

지난 주말에 저는 동생과 함께 집 앞 화단에 꽃을 심었습니다. 그런데 오늘 물을 주려고 보니 담배꽁초와 쓰레기가 꽃 주위에 흩어져 있었습니다. 그 모습을 보니 속이 상했습니다.

화단에 쓰레기를 버리지 않았으면 좋겠습니다. 꽃들은 쓰레기가 없는 깨끗한 화단에서 건강하게 자랄 수 있습니다. 꽃들이 잘 자랄 수 있도록 도와주세요. 작은 실천이 우리의 화단을 아름답게 만들어 줄 것입니다.

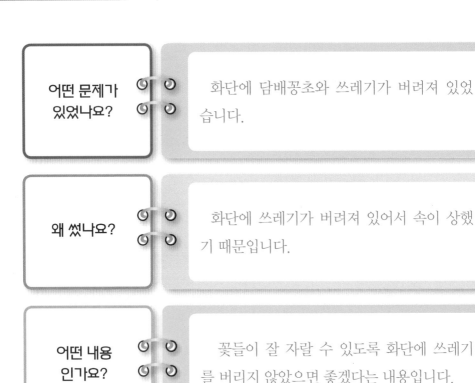

어떤 문제가
있었나요?

화단에 담배꽁초와 쓰레기가 버려져 있었습니다.

왜 썼나요?

화단에 쓰레기가 버려져 있어서 속이 상했기 때문입니다.

어떤 내용
인가요?

꽃들이 잘 자랄 수 있도록 화단에 쓰레기를 버리지 않았으면 좋겠다는 내용입니다.

고민이나 문제를 해결하기 위해 제안하는
글을 쓸 때에는 문제 상황, 제안하는 내용,
제안하는 까닭이 잘 드러나게 써야 해요.

제안하는 글을 쓸 때에는 '~합시다', '~하면 좋겠
습니다', '~하면 어떨까요' 등의 표현을 사용해요.

우리 주변에 불편하다고 생각하거나 바꾸었으면
좋겠다고 생각한 점들을 이야기해 보세요.

제안하는 글의 내용을 보기 의 말을 넣어 구분해 보세요

> 보기   제안하는 내용   문제 상황   제안하는 까닭

지난 주말에 저는 동생과 함께 집 앞 화단에 꽃을 심었습니다. 그런데 오늘 물을 주려고 보니 담배꽁초와 쓰레기가 꽃 주위에 흩어져 있었습니다. 그 모습을 보니 속이 상했습니다.

화단에 쓰레기를 버리지 않았으면 좋겠습니다.

꽃들은 쓰레기가 없는 깨끗한 화단에서 건강하게 자랄 수 있습니다.

 제안하는 글을 쓰면 좋은 점에 대하여 생각해 보세요.

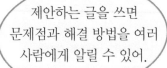 제안하는 글을 쓰면 문제점과 해결 방법을 여러 사람에게 알릴 수 있어.

더 좋은 쪽으로 일을 해결할 수 있어서 좋아.

 문장의 짜임에 대해 알기

이렇게 배워요

문장은 일정한 짜임으로 이루어져 있어요. 「운동을 합시다」를 읽어 보고 문장의 짜임을 알아보세요.

선생님과 함께 미리 보는 국어책

운동을 합시다

날씨가 따뜻해졌습니다.

우리 모두 운동을 합시다.

누구나 건강을 지킬 수 있습니다.

문장의 짜임 알기

누가/무엇이	어찌하다/어떠하다
날씨가	따뜻해졌습니다.
우리 모두	운동을 합시다.
누구나	건강을 지킬 수 있습니다.

문장은 '(누가/무엇이)+(어찌하다/어떠하다)'의 짜임으로 나눌 수 있어요. '누가 어찌하다', '누가 어떠하다', '무엇이 어찌하다', '무엇이 어떠하다'의 짜임이 나올 수 있지요.

'어찌하다'는 움직임을 나타내는 동사에 해당하고 '어떠하다'는 상태를 나타내는 형용사를 가리켜요. 어찌하다, 어떠하다 부분만 있으면 누가 무엇을 했는지 알 수 없어요.

다음 문장을 '누가/무엇이+어찌하다/어떠하다'로 나누어 보세요.

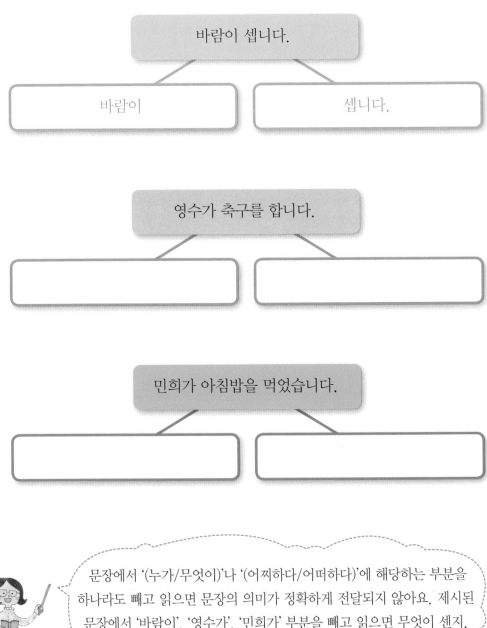

바람이 셉니다.

바람이

셉니다.

영수가 축구를 합니다.

민희가 아침밥을 먹었습니다.

문장에서 '(누가/무엇이)'나 '(어찌하다/어떠하다)'에 해당하는 부분을
하나라도 빼고 읽으면 문장의 의미가 정확하게 전달되지 않아요. 제시된
문장에서 '바람이', '영수가', '민희가' 부분을 빼고 읽으면 무엇이 센지,
누가 축구를 하는지, 누가 아침밥을 먹었는지 알 수 없어요.

제안하는 글을 쓰는 방법 알기

 이렇게 배워요

제안하는 글에 필요한 내용, 글을 쓰는 과정, 제안하는 글을 쓸 때 생각할 점을 알아보고, 제안하는 글을 쓰는 방법에 대해 정리해 보세요.

 선생님과 함께 미리 보는 국어책

제안하는 글에 필요한 내용은 문제 상황, 제안하는 내용, 제안하는 까닭입니다.

다음은 제안하는 글을 쓰는 과정입니다.

문제 상황 확인하기

제안하는 내용 정하기

제안하는 까닭 파악하기

제안하는 글 쓰기

제안하는 글을 쓸 때에 읽을 사람이 누구인지 생각하고, 내가 하는 제안을 사람들이 실천할 수 있는지 생각해야 해요.

다음의 문제 상황과 제안하는 내용, 제안하는 까닭을 보고 제안하는 글을 완성해
보세요.

문제 상황	• 아프리카에는 깨끗한 물이 나오는 우물이 없다. • 아프리카의 어린이가 깨끗한 물을 마실 수 없다. • 오염된 물을 마시면 질병에 걸릴 수 있다.
제안하는 내용과 까닭	• 이웃 돕기 모금 운동에 동참한다. 아프리카에 깨끗한 우물을 만드는 것을 도울 수 있기 때문이다. • 아프리카에 깨끗한 물을 보내 준다. 깨끗한 물을 제공할 수 있기 때문이다. • 아프리카에 정수기를 보내 준다. 깨끗한 물로 정수할 수 있기 때문이다.

 제안하는 글을 쓸 때 주의할 점을 알아보세요.

- 문제 상황이 무엇인지 파악하고 자세히 씁니다.
- 문제를 해결하기 위한 자신의 의견을 제안합니다.
- 제안에 대한 적절한 까닭을 씁니다.
- 제안하는 내용이 잘 드러나게 알맞은 제목을 붙입니다.

제안하는 글을 쓰기 전에 제안하는 글에 들어갈 내용을 정리해 보세요.

문제 상황

어떤 점이 문제인지 다른 사람들이 알 수 있게 자세히 씁니다.

깨끗한 물을 구하지 못해 어려움을 겪고 있는 어린이들이 있습니다.

제안하는 내용

문제를 해결하기 위한 자신의 제안을 씁니다.

아프리카 어린이들을 위해 기부 운동에 참여합시다.

제안하는 까닭

왜 그런 제안을 했는지, 제안한 내용대로 했을 때 무엇이 더 나아지는지를 씁니다.

아프리카 어린이들이 깨끗한 물을 마시고 사용할 수 있기 때문입니다.

제목

제안하는 내용이 잘 드러나게 제목을 붙입니다.

당신의 1리터를 나누어 주세요.

제목을 미리 정해 놓고 쓸 내용을 정리할 수도 있고,
쓸 내용을 정리하고 제목을 붙일 수도 있어요.

제안하는 글을 완성해 보세요.

> ┌─────────────────────┐
> │   │
> └─────────────────────┘
>
> 　물은 사람이 살아가는 데 매우 중요합니다. 우리는 어디에서든지 물을 쉽게 구할 수 있습니다. 그러나 아프리카의 어린이는 깨끗한 물을 구하지 못해 어려움을 겪고 있습니다. 많은 어린이가 더러운 물을 마시며 생활하고 있어 생명에 위협을 받습니다.
>
> 　깨끗한 물을 마시지 못하는 어린이들을 위해 ＿＿＿＿＿＿
>
> ＿＿＿＿＿＿＿＿＿＿＿＿＿＿＿＿＿＿＿＿＿＿＿＿＿＿＿＿＿
>
> ＿＿＿＿＿＿＿＿＿＿＿＿＿＿＿＿＿＿＿＿＿＿＿＿＿＿＿＿＿
>
>

실천

배울 거리   제안하는 글을 쓰고 발표하기

 이렇게 배워요

다음 그림을 보고 우리 주변에서 해결되기를 바라는 문제나 문제 상황을
떠올리고 제안하는 글을 써 보세요.

 선생님과 함께 미리 보는 국어책

도서관에서

교실에서

도서관에서 책이 많이 흐트러져 있어서 책을 고를 때 힘이 들었던 적도 있고, 교실에서 친구들이 뛰어다니거나 장난을 쳐서 다친 적도 있고, 점심시간에 급식을 남기는 친구가 많아서 낭비에 대해 걱정한 적도 있을 거예요. 이처럼 우리 주변에서 해결되기를 바라는 문제를 떠올려 보세요.

 제안하는 글을 쓰기 위해 내용을 정리해 보세요.

문제 상황	점심시간에 급식을 남기는 친구가 많습니다.
제안할 내용	
제안하는 까닭	

제안하는 글의 내용을 떠올릴 때에는 누구에게 제안할지 먼저 생각하여야 해요.

되돌아보기 제안하는 글을 써야 하는 상황 찾기

 이렇게 배워요

8단원에서는 문장의 짜임에 대해 알기, 제안하는 글을 쓰는 방법에 관해 배웠어요. 제안하는 글을 쓰기 위해 문장의 짜임을 이해하고 자신의 의견을 정확하게 표현해 보는 연습을 해 보세요.

다음 중 제안하는 글을 써야 하는 상황으로 알맞은 것을 골라 설명에 ○표를 하세요.

주변의 문제를 해결하고 싶을 때

친구에게 고마운 마음을 전할 때

친구의 고민을 해결해 줄 때

우리 가족을 소개할 때

 배운 내용을 생활 속에서 실천해 보세요. 내가 할 수 있는 내용인지 확인해 보세요.

 부모님께 제안하고 싶은 일이 있을 때 제안하는 글을 쓸 거야.

 나는 제안하는 글을 학급 친구들에게 부탁하고 싶은 일이 있을 때 쓸 거야.

 나는 일상생활 속에서 주변의 문제를 해결할 때 제안하는 글을 쓰고 싶어.

 한글의 우수성을 이해하고, 한글을 바르게 사용해 보세요.

 글자가 필요한 까닭 알기

이렇게 배워요

그림 문자에 담긴 뜻을 생각해 보며 세계 여러 나라의 그림 글자를 살펴보세요.

선생님과 함께 미리 보는 국어책

글자가 없었을 때에는 자신의 생각을 간단한 그림이나 서로 약속한 기호로 표현했어요.

지역＼의미		왕	신		태양	하늘	
수메르	B	ⵟ	✳	⊕	⋁	✳	〳
이집트	𝆣	𓄟	٩	🦗	⊙	⌓	⌁
히타이트	⬭	⧊	⬤	⬭	◎	⌒	⦜
중국	⎰	⋀	米	ⵧ	▭	大	〴

🦋 자신만의 그림 글자를 만들어 보세요.

그림 글자로 할 말을 표현하였을 때 느낀 점이나 불편한 점을 이야기해 보세요.

같은 그림이라도 보는 사람에 따라 다르게 생각할 수 있고,
같은 뜻이라도 그리는 사람에 따라 다르게 그릴 수 있기 때문에,
내가 만든 그림 문자와 친구가 만든 그림 문자가 다를 수 있어요.

 글자가 필요한 까닭을 이야기해 보세요.

문자가 발명되기
이전에는 그림으로
정보를 기록했어.

글자를 읽을 수
없다면 무척
불편할 것 같아.

글자로 생각을
표현하면 더 자세히
나타낼 수 있어.

글자가 없으면 정확하게 기록을 못 하고, 글자로 생각을
표현하면 더 자세히 나타낼 수 있어요. 그러므로
우리나라의 글자인 한글의 우수성을 이해하고 한글을
더 아끼고 바르게 사용하려고 노력해야 해요.

 한글을 만든 과정 이해하기

 이렇게 읽어요

세종 대왕이 한글을 만들게 된 까닭을 이해하며 다음 만화를 읽어 보세요.

 선생님과 함께 미리 보는 국어책

조선 시대 마을.
백성은 나라의 근본이요, 근본이 튼튼해야만 나라가 평안하다고 여겼던 세종 대왕. 억울한 사람은 없고 태평한 세상, 이것이 바로 세종 대왕이 꿈꾸던 조선이었다.

어찌 그런 일이……

전하, 어느 젊은이가 제 아비에게 불효를 저질렀습니다.

여봐라!
효자, 충신들의 이야기를 백성들에게 알려 효행을 깨우치게 하라!

세종 대왕의 고민은 무엇인지 써 보세요.

 세종 대왕이 한글을 만들게 된 과정을 알아보세요.

글자를 몰라 억울한 일을 겪는 백성들이 많았고, 세종 대왕은 우리말에 알맞은 글자가 필요하다고 생각하였다.

말소리에 대한 책을 구해 읽으며 문자 연구를 했다. 새로운 글자를 만들기 위해 10여 년을 연구했다.

세종은 눈이 나빠져도 문자 연구를 계속했고, 훈민정음 28자를 완성했다.

한글로 책을 읽거나 편지를 쓰는 사람들이 늘어났고 억울한 일을 당하는 사람이 줄어들었다.

한글의 특성 이해하기

 이렇게 배워요

다음 한글의 특성에 대하여 정리한 내용을 읽으며 한글이 우수한 까닭을 생각해 보세요.

 선생님과 함께 미리 보는 국어책

한글의 특성

- 한글의 자음자는 발음 기관을 본떠 만들었습니다.
- 한글의 모음자는 하늘, 땅, 사람의 모양을 본떠 만들었습니다.
- 한글의 자음자는 기본 글자에 획을 더하거나 같은 자음을 겹쳐서 씁니다.
- 한글의 모음자는 오른쪽, 왼쪽, 위, 아래로 합쳐서 씁니다.

한글은 일정한 원리에 따라 만들어졌기 때문에 기본이 되는 자음자 다섯 개, 모음자 세 개만 익히면 다른 글자도 쉽게 익힐 수 있고 한글의 모음자는 소리의 변화가 없이 한 글자가 한 소리만 가지기 때문에 쉽게 익힐 수 있어요.

한글의 우수한 점

- 한글은 독창적이고 과학적으로 만들어진 글자입니다.
- 적은 수의 글자로 자연에 존재하는 대부분의 소리를 쓸 수 있습니다.
- 컴퓨터나 휴대 전화 등에서 편리하게 쓸 수 있습니다.

한글의 우수한 점이 무엇이라고 생각하는지 친구들과 이야기해 보세요.

 누구나 쉽게 배울 수 있어. 원리를 익히면 외국인도 몇 시간 만에 한글을 읽을 수 있다는 말을 들은 적이 있어.

 많은 소리를 자유롭게 표현할 수 있어.

 과학적이고 독창적인 창제 원리를 가지고 있어.

 한글의 우수성을 알리는 광고를 준비해 보세요. 한글의 어떤 우수한 점을 알리고 싶나요?

나는 정보화 시대에 한글이 적합한 문자라는 점을 알리고 싶어.

휴대 전화나 컴퓨터 자판에서 빠르고 편리하게 글자를 입력할 수 있어.

 광고를 만들어 보세요.

배울 거리 한글을 바르게 사용하기

🌸 **이렇게 배워요**

다음 그림 속 학교 주변의 간판에 어떤 문자가 쓰여 있는지 살펴보세요.

🌸 **선생님과 함께 미리 보는 국어책**

간판을 보면 여러 나라의 문자를 쓰는 것을 볼 수 있어요.
사람들의 눈에 잘 띄게 하기 위해서지요. 하지만 다른 나라 문자로
된 간판을 보면 어떤 뜻인지 잘 이해되지 않거나 무엇을 파는
가게인지 잘 모를 때가 있습니다. 간판의 글을 한글로 쓰면
우리말에 대한 소중함을 느낄 수 있어요.

🦋 학교 주변의 간판에서 찾은 낱말을 모두 써 보세요.

🦋 낱말을 분류해 보세요.

뜻을 알 수 있는 낱말	뜻을 알 수 없는 낱말

🦋 한글로 바꿀 수 있는 간판이 있으면 바꾸어 보세요.

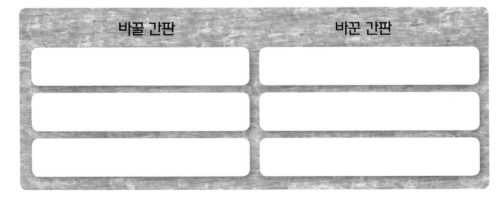

바꿀 간판	바꾼 간판

만화를 보고 세종 대왕이 한글을 만든 까닭을 짐작해서 써 보세요.

🦋 글을 읽고 글에서 설명하는 것이 무엇인지 써 보세요.

[　　　　　　　　　　　　　] 은/는 한글의 자음자와 모음자를 만든 원리를 자세하게 설명해 놓은 책입니다. 이 책은 1940년에야 뒤늦게 발견되었는데 그전까지는 해례본이 없었기 때문에 한글 학자들도 한글이 만들어진 원리를 추측할 수밖에 없었습니다.

[　　　　　　　　　　　　　] 은/는 유네스코 세계 문화유산으로 지정된 소중한 우리 문화유산입니다.

🦋 한글 자음자와 모음자의 특징을 생각하며 글자로 그림을 그려 보세요.

되돌아보기 한글의 우수성을 이해하고 바르게 사용하는지 점검하기

 이렇게 배워요

9단원에서는 글자가 필요한 까닭 알기, 한글을 만든 과정 이해하기, 한글의 특성 이해하기, 한글을 소중히 여기는 마음 가지기, 한글을 바르게 사용하기에 관해 배웠어요. 한글을 아끼고 사랑하는 마음을 가져 보세요.

 한글의 우수성을 이해하고 바르게 사용하는지 점검해 보세요.

질문	내 생각
• 한글이 만들어진 과정을 설명할 수 있나요?	●●●
• 한글의 우수한 점을 설명할 수 있나요?	●●●
• 한글을 소중히 여겨야 하는 까닭을 설명할 수 있나요?	●●●
• 한글을 바르게 사용하기 위해 노력하나요?	●●●

매우 잘함 ●●● 잘함 ●● 보통임 ●

 배운 내용을 생활 속에서 실천해 보세요. 내가 할 수 있는 내용인지 확인해 보세요.

 한글을 소개하는 동영상을 만들 거야.

 한글 사랑 동아리를 만들어 활동해 볼 거야.

 옛날 우리말 가운데에서 지금도 사용할 수 있는 말을 찾아 써 볼 거야.

 만화를 보고 생각과 느낌을 나타내 보세요.

 표정이나 행동으로 인물의 마음 짐작하기

🎆 이렇게 배워요

표정이나 행동을 보고 인물의 마음을 짐작해 보고, 마음 흉내 내기 놀이로 인물의 마음을 표현하고 알아맞히는 활동을 해 보세요.

🎆 선생님과 함께 미리 보는 국어책

> 표정이나 행동을 통해 인물이 어떤 생각을 하고 어떤 마음을 가지고 있는지 짐작할 수 있어요.

	상황	운동 경기에서 이겼을 때
	마음	날아갈 것 같은 마음

	상황	징그러운 벌레를 봤을 때
	마음	깜짝 놀라고 무서운 마음

|  | 상황 | 밤이 되어 잠잘 시간이 되었을 때 |
| | 마음 | 피곤하고 지친 마음 |

|  | 상황 | 다른 사람에게 칭찬받을 때 |
| | 마음 | 수줍고 부끄러운 마음 |

|  | 상황 | 친한 친구가 전학을 갈 때 |
| | 마음 | 외롭고 슬픈 마음 |

그림으로 표현된 인물의 행동을 잘 살펴보세요.
양팔을 높이 들고 있거나 깜짝 놀라 보이거나 졸려서 하품을
하고 있고, 수줍게 볼을 만지고 있거나 울고 있습니다.

마음이 잘 드러나도록 흉내 내기를 해 보세요.

놀이방법

❶ 3~5명으로 모둠을 만듭니다.

❷ 흉내를 낼 모둠을 정하고, 그 모둠원들은 칠판 앞에 섭니다.

❸ 선생님께서 앞에 선 모둠원에게만 마음을 표현한 낱말을 보여 주신 뒤 모둠원들은 선생님의 신호에 맞추어 친구들에게 표정과 행동으로만 마음을 표현한 낱말을 설명합니다.

❹ 나머지 모둠은 모둠원끼리 의논해 답을 말합니다.

❺ 정답을 알아맞힌 모둠이 다음 낱말을 설명합니다.

배울 거리 만화를 읽을 때 인물의 마음을 짐작하는 방법 알기

 이렇게 배워요

그림을 보고 인물의 표정 및 동작, 말풍선의 모양 등을 살펴보고 인물의 마음을 짐작하는 방법을 알아보세요.

 선생님과 함께 미리 보는 국어책

말이나 생각으로 인물의 마음을 짐작할 수 있어요.

인물 뒤편의 배경에도 효과를 주어서 인물의 마음이 어떤지 짐작할 수 있어요.

아, 창피하다!

눈썹 모양(표정)과 이마에 흐르는 땀으로 인물의 마음을 짐작할 수 있어요.

말풍선 테두리 모양으로도 인물의 마음을 짐작할 수 있어요.

두 손으로 얼굴을 가리고 있는 행동을 통해 인물이 창피해하는 것을 짐작할 수 있어요.

배울 거리 재미있었던 일을 만화로 표현하기

이렇게 배워요

재미있었던 일을 떠올려 보고 그때의 마음과 기분을 말해 보세요.

선생님과 함께 미리 보는 국어책

재미있었던 일	그때의 마음과 기분
가족과 물놀이를 했습니다.	정말 시원하고 즐거웠습니다.

재미있었던 일을 떠올려 보고 이야기의 순서를 정해 보세요.

가족과 차를 타고 바다로 출발했습니다.

바다에 도착해 마음이 매우 들떴습니다.

물놀이를 하며 신나게 놀았습니다.

가족과 바다에서의 추억을 남기기 위해 사진을 찍었습니다.

만화 속 인물의 마음을 표현하기 위해서 배경의 효과, 인물의 표정과 행동, 말풍선의 모양, 글자의 크기 등도 다르게 할 수 있어요.

인물의 마음을 만화로 표현할 때는 마음에 어울리는 표정과 몸짓을 과장되게 표현해야 해요. 말풍선에는 적당한 말을 넣고 글 자체의 크기나 모양을 바꿀 수 있어요. 또 기호나 작은 그림, 주변 상황의 묘사 등을 활용하여 마음을 표현할 수 있어요.

인물의 마음을 표현하는 방법을 생각하며 재미있었던 일을 만화로 나타내 보세요.

제목

🦋 그림을 보고 여러 가지 얼굴 표정을 따라 그려 보고, 어떤 마음일지 써 보세요.

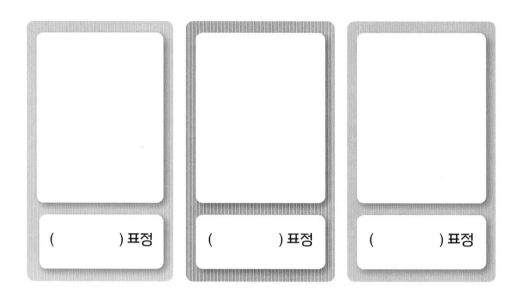

(　　　) 표정　　　(　　　) 표정　　　(　　　) 표정

🦋 인물의 마음을 짐작하는 방법으로 옳은 것을 찾아 ○표를 해 보세요.

인물이 왜 그렇게 말하고 있는지 의도를 알아본다.	
인물의 표정을 살펴본다.	
인물이 한 말을 살펴본다.	
사건의 전개를 자연스럽게 꾸민다.	

만화 속 인물의 마음을 표현하기 위해서 배경의 효과, 인물의 표정과 행동, 말풍선의 모양, 글자의 크기 등도 다르게 할 수 있어요.

 되돌아보기   배운 내용 정리해 보기

 이렇게 배워요

10단원에서는 표정이나 행동으로 인물의 마음 짐작하기, 만화를 읽을 때 인물의 마음을 짐작하는 방법 알기, 인물의 마음을 짐작하며 만화 영화 보기, 재미있었던 일을 만화로 표현하기에 관해 배웠어요. 말투와 표정, 몸짓으로 말하는 능력을 키워 보세요.

🦋 인물의 표정에 어울리는 마음을 떠올리고 써 보세요.

신나고 즐겁습니다.

마음이 슬픕니다.

너무 지루합니다.

 이 단원에서 배운 내용을 생활 속에서 실천해 보세요.

- 만화 영화나 만화책을 볼 때
- 내가 만든 이야기를 만화로 그릴 때
- 만화를 역할극으로 표현할 때

예시 답안

1단원 생각과 느낌을 나누어요

23쪽

남자아이가 생각한 그림의 모습 − 파란색 모양을 마주 보는 사람으로 보았습니다. 파란색 모양을 쌍둥이처럼 보았습니다.

여자아이가 생각한 그림의 모습 − 연두색 모양을 커다란 잔으로 보았습니다. 연두색 모양을 트로피처럼 보았습니다.

24쪽

몸짓, 인물, 그림, 편지, 제목

27쪽

기동이를 의심하는 마음 / 기동이가 구슬을 내놓기를 바라는 마음

28쪽

"여기 봐, 비슷하게 보여도 이 중에서 네 것은 없어."

"의심해서 미안해."

29쪽

구슬을 잃어버린 마음은 이해하지만 자꾸 친구를 의심하면 안 된다고 생각합니다.

노마가 기동이를 의심해서 기분이 상했겠지만, 그래도 기동이는 노마를 이해하고 자신이 가지고 있는 구슬에 대해 자세히 말해 주는 것이 좋다고 생각합니다.

31쪽

아무리 속이 상해도 친구를 의심하면 안 된다고 생각합니다.

32쪽

갈게, 일어날걸, 먹을까, 늦을꼬 / 할게, 좋았을걸, 청소할까, 좁을꼬

2단원 내용을 간추려요

34쪽

39쪽

1. 옛날 사람들은 비가 올 때면 삿갓이나 도롱이를 사용했다.
2. 오늘날 사람들은 헝겊이나 비닐로 만든 가벼운 우산을 쓴다.

문단, 문장, 중심

44쪽

우리 생활을 편하고 윤택하게 하기 위해 사용하는 석탄, 석유, 가스, 전기 등의 에너지 자원은 무한정 생산되는 것이 아니다. 한정된 자원을 다 쓰고 나면 더 이상 에너지 자원을 구할 수 없게 된다. 따라서 우리는 에너지를 절약해야 한다. 집에서 에너지 절약을 실천하는 방법은 쓰지 않는 꽂개 뽑아 놓기, 빈방의 전깃불 끄기, 전기가 적게 드는 실내조명 기구 사용하기, 수돗물 아껴 쓰기 등이다. 에너지 절약은 생활 속에서 바로 실천하는 것이다.

우리 가족 에너지 절약 수칙

- 빈방이나 화장실 전깃불 끄기
- 냉방기 꺼짐 예약하기
- 양칫물 컵에 받아 쓰기

3단원 실감 나게 말해요

47쪽

긴장해 군은 표정을 하고 있다.

48쪽

비뚤게 서서 손으로 머리를 긁적인다.

49쪽

말투가 어색하다.

58쪽

생략

4단원 일에 대한 의견

61쪽

단원 김홍도의 그림을 보았습니다. / 정우입니다. / 석원입니다.

62쪽

사실, 의견

63쪽

토끼는 풀을 먹습니다. ○
여자아이가 책을 읽고 있습니다. ○

64쪽

축구를 하는 것을 즐겁습니다. ○
민들레 홀씨가 날아다니는 것을 보면 신기합니다. ○

67쪽

지난 방학 때 나는 가족과 함께 독도를 다녀왔다. / 사실 / 한 일
넓고 푸른 바다가 끝없이 펼쳐졌다. / 사실 / 본 일
독도는 괭이갈매기뿐만 아니라 슴새, 바다제비 같은 텃새도 살고 있다고 한다. / 사실 / 들은 일
독도에서 동해를 바라보니 가슴이 탁 트이는 것 같았다. / 의견 / 느낌
아름답고 생명력 넘치는 독도가 우리 땅이라는 것이 아주 자랑스러웠다. / 의견 / 생각

69쪽

생략

72쪽

73쪽

생략

74쪽

가는 말이 고와야 오는 말이 곱다는 말이 있다. 나부터 고운 말을 쓰기 위해 노력한다면 주변의 많은 친구들이 고운 말을 쓸 것이고, 보다 행복한 교실이 될 수 있을 것이다.

75쪽

의견 / 학생들의 생생한 학교생활을 담은 학급 신문이 눈길을 끌고 있다.

신문 제작 과정에 직접 참여하는 것은 새로운 학습 경험을 제공한다. 또 학교와 부모 간의 소통을 도울 것이다. 이러한 활동은 지역 내 여러 학교에서도 참고할 필요가 있다.

사실 / 최○○ 교사와 학생들이 만든 '사랑의 교실'은 학교의 각종 행사, 수업 내용 등 학교와 반별 소식으로 채워진다. 매주 신문이 발행된 뒤 부모들에게 배달하는 것 또한 학생들의 몫이다.

5단원 내가 만든 이야기

78쪽

소풍 당일, 늦잠을 잔 뒤 깜짝 놀라고 있다. / 학교에 지각해서 정신없이 뛰어가고 있다. / 도시락 대신 우산을 가지고 온 걸 알고 울상을 짓고 있다.

79쪽

친구가 도시락을 같이 먹자고 권하고 있다. / 비 오는 날, 친구에게 우산을 씌워 준다.

80쪽

인물 / 일 / 차례

83쪽

결국 소풍날 아침, 늦잠을 자서 학교에 지각을 하게 된 연주가 깜짝 놀라고 당황한다.→정신없이 뛰어가서 소풍에 가게 됐지만 점심시간에 도시락 대신 우산을 챙겨 온 것을 알고 연주는 울상을 짓는다.→현지가 연주에게 자신의 도시락을 같이 나누어 먹자고 말한다.→소풍이 끝나고 집에 돌아오는 길, 비가 내리고 도시락 대신 가지고 온 우산으로 연주와 현지는 같이 우산을 쓰고 온다.

일. 가운데

85쪽

어린 시절부터 우주를 여행하는 것을 꿈꿔 왔던 똘이는 우주인을 뽑는 어려운 시험을 통과했습니다. 그래서 부푼 기대를 안고 우주여행을 떠나게 되었습니다. 그런데 여행 도중 연료 부족으로 한 행성에 불시착하게 되었습니다. 그곳에 사는 외계인은 수레가 없어서 많은 물건을 손으로 나르는 불편을 겪고 있었습니다. 똘이는 외계인에게 그 지역의 재료를 이용해 수레를 만들어 주었습니다. 똘이의 친절에 감동한 외계인은 똘이를 도와주고 싶어 했습니다. 똘이가 연료가 없어 고향으로 가지 못한다는 사실을 알게 된 외계인은 연료의 재료가 있는 곳을 똘이에게 알려 주었습니다. 그래서 똘이는 지구로 돌아올 수 있었습니다.

86쪽

볼V만큼, 노력한V만큼, 있는V대로, 원하는V대로, 들었을V뿐이에요. 할V뿐이었어요.
들릴V만큼, 아는V대로, 않았다V뿐이지

87쪽

이야기의 전체 흐름은 이야기의 첫 부분을 보면 알 수 있다. ×
이야기의 흐름을 파악하기 위해서는 중요한 일을 찾아본다. ○
이야기는 늘 같은 장소에서 벌어진다. ×
이야기의 끝부분에서는 여러 가지 새로운 일이 생긴다. ×
이야기의 흐름은 일어난 일들의 연결로 이루어진다. ○

6단원 회의를 해요

89쪽

회의 주제 – 여행 장소
회의 목적 – 가족 여행 장소 정하기
회의 참석자 – 아버지, 어머니, 나, 남동생
회의 내용 – 아버지께서는 산으로 캠핑을 가자고 하셨고, 나는 놀이공원에 가자고 했다.
회의 결과 – 아버지께서 추천하신 산 캠핑을 여름에 먼저 가고, 내가 추천한 놀이공원은 겨울에 가기로 했다.

91쪽

사회자-⑤, 회의 참여자-①,②,③,⑥,⑦ 기록자-④

'깨끗한 교실을 만들자'에 대해 회의를 했습니다. / '깨끗한 교실을 만들자'가 '안전한 학교생활을 하자'보다 더 많은 표를 받아 주제가 되었습니다. / 회의에 참여하는 학생들은 '1인 1역할을 정해 청소하자', '일주일에 한 번은 대청소를 하자', '분리배출을 잘하자'와 같은 실천 사항을 건의했습니다.

97쪽

다른 사람의 의견을 주의 깊게 듣는다.

회의 내용을 기록한다.

102쪽

사회자가 한 말 중에 "기악 합주는 시끄러워 다른 학급에 방해가 됩니다. 다른 더 좋은 의견을……"이란 부분은 잘못되었습니다. 사회자가 함부로 회의 참여자의 의견을 판단했기 때문입니다. 회의 참여자가 발표한 의견을 받아들인 뒤에 회의 참여자와 함께 판단하여야 합니다.

회의 참여자가 한 말 중에 "사회자님, 이제 생각이 났는데 실천 사항을 하나 제안하겠습니다." 부분은 잘못되었습니다. 회의 참여자는 회의 절차를 지키지 않았습니다. 회의 절차에 따라 자신의 의견을 발표해야 합니다.

104쪽

② 친구가 발언할 때 중간에 말을 가로챘다.

③ 사회자가 발언권을 골고루 주지 않았다.

105쪽

회의 절차 정리하기

개회 ➡ 국민의례 ➡ 주제 선정 ➡ 주제 토의 ➡ 표결 ➡ 결과 발표 ➡ 폐회

회의할 때 주의할 점

회의 규칙을 지킵니다. 회의의 절차에 맞게 진행합니다. 회의 주제에 맞게 말해야 합니다.

7단원 사전은 내 친구

108쪽

뒤쫓다 / 잡, 잡다

예쁘다 / 붙이다 / 보, 보다

109쪽

낱말 - 침침해서

사전에서 찾은 뜻 - 눈이 어두워 물건이 똑똑히 보이지 아니하고 흐릿하다.

뜻이 반대인 낱말 - 선명하다, 밝다, 또렷하다 등

낱말 - 문학

사전에서 찾은 뜻 - 사상이나 감정을 언어로 표현한 예술. 또는 그런 작품. 시, 소설, 희곡, 수필, 평론 등이 있다.

'문학'에 포함되는 낱말 - 시, 이야기 등

114쪽

관측, 침식, 퇴적, 천체, 협곡, 궤도, 분지 등

퇴적-국어사전-많이 쌓임.

협곡-국어사전-험하고 좁은 골짜기.

분지-국어사전-높은 지형으로 둘러싸인 평지.

115쪽

국어사전, 인터넷 사전, 컴퓨터 사전 등

116쪽

생략

118쪽

냉대-국어사전-어떤 사람이 다른 사람을 매우 차갑게 대함.

향신료-백과사전-음식을 만들 때에 음식에 향기나 매운 맛을 더하여 주려고 넣는 조미료.

119쪽

낱말의 뜻-아무도 부인할 수 없을 만큼 명백하게

만든 문장-우리 반에서 축구는 엄연히 내가 일 등이다.

8단원 이런 제안 어때요

121쪽

꽃을 심었습니다. / 화단에 담배꽁초와 쓰레기가 떨어져 있었기 때문입니다. / 아파트 주민에게 자신의 의견을 글로 써서 붙였습니다.

123쪽

문제 상황, 제안하는 내용, 제안하는 까닭

126쪽

영수가, 축구를 합니다. / 민희가, 아침밥을 먹었습니다.

130쪽

제목-당신의 1리터를 나누어 주세요

기부 운동에 참여합시다. 기부 운동에 참여하면 아프리카 어린이들이 깨끗한 물을 마시고 사용할 수 있습니다

132쪽

제안할 내용-수요일을 급식을 다 먹는 날로 정하면 좋겠습니다.

제안하는 까닭-일주일에 단 하루라도 그런 날을 정해 실천하면 조금이라도 자원을 낭비하는 일을 막을 수 있다고 생각하기 때문입니다.

133쪽

주변의 문제를 해결하고 싶을 때 ○

친구의 고민을 해결해 줄 때 ○

9단원 자랑스러운 한글

134쪽

사람, 양, 물

135쪽

어떤 그림으로 표현할지 생각하는 것이 힘들었습니다. 그리는 데 오래 걸렸습니다. 모습이 복잡했습니다. 사람마다 다르게 표현해서 이해하기 어려웠습니다.

138쪽

백성들이 글자를 알지 못해 어려움을 겪는 것이 안타까웠습니다. 백성들의 삶에 도움이 되는 일을 하고 싶었습니다. 백성들이 알기 쉬운 글자를 만들고 싶었습니다.

142쪽

맛있는 밥집, 우리 문방구, Bon Boulangerie, 名品 의상실, Lovely Flower

뜻을 알 수 있는 낱말 – 맛있는 밥집, 우리 문방구

뜻을 알 수 없는 낱말 – 名品 의상실, Lovely Flower, Bon Boulangerie

바꿀 간판	바꾼 간판
名品 의상실	멋진 옷 가게
Lovely Flower	예쁜 꽃집
Bon Boulangerie	꿀맛 빵집

143쪽

우리말을 한자로 옮기는 것이 어려워서입니다. 백성들이 글을 제대로 쓰지 못했기 때문입니다. 글을 몰라 어려움을 겪는 백성들이 많았기 때문입니다.

144쪽

훈민정음해례본

10단원 인물의 마음을 짐작해요

150쪽

재미있었던 일–친구들과 만나서 놀이터에서 술래잡기를 했습니다.

그때의 마음과 기분–시간이 가는 줄도 모르고 너무 신났습니다.

154쪽

- 인물이 왜 그렇게 말하고 있는지 의도를 알아본다. ○
- 인물의 표정을 살펴본다. ○
- 인물이 한 말을 살펴본다. ○

155쪽

무엇인가에 깜짝 놀랐습니다.

겁이 나고 무서웠습니다.